W0189379

# Bienenhaus und Wasserrad

**Max und Emily entdecken das
Bauernhausmuseum Amerang**

Diana Hillebrand
Illustrationen von
Martina Mair

# BIENENHAUS UND WASSERRAD

## Max und Emily entdecken das Bauernhausmuseum Amerang

Volk Verlag München

Herzlichen Dank an Dr. Monika Kania-Schütz (Museumsdirektorin der Freilichtmuseen Glentleiten und Amerang), Dr. Claudia Richartz (Örtliche Leitung Bauernhausmuseum Amerang), Niklas Hertwig und dem Team des Freilichtmuseums
Glentleiten für die tatkräftige und fachliche Unterstützung bei der Realisierung
dieses Museumsführers für Kinder.

Die Deutsche Bibliothek verzeichnet diese Publikation in der Deutschen Natio-
nalbibliografie; detaillierte bibliografische Daten sind im Internet über http://dnb.
ddb.de abrufbar.

© 2013 by Volk Verlag München; Streitfeldstraße 19; 81673 München
Tel.: 089 / 420 79 69 80; Fax: 089 / 420 79 69 86

Druck: Stürtz GmbH Würzburg

ISBN 978-3-86222-121-9
www.volkverlag.de

# INHALT

**7 Vorwort**

**9 Schlaumeierei** Bauernhausmuseum Amerang
**13 Hinter den Türen** Reise in die Vergangenheit

**19 Schlaumeierei** Sägemühle
**23 Hinter den Türen** Der abgebrochene Zahn

**29 Schlaumeierei** Häuslmannhof
**33 Hinter den Türen** Badetag

**39 Schlaumeierei** Wagnerhäusl
**43 Hinter den Türen** Ein sicheres Versteck

**49 Schlaumeierei** Mittermayerhof
**53 Hinter den Türen** Das Ei ist weg

**59 Schlaumeierei** Bernöderhof
**65 Hinter den Türen** Ein Herz und ein schwarzer Wagen

**71 Schlaumeierei** Windrad
**75 Hinter den Türen** Der Wind verrät ein Geheimnis

**81 Schlaumeierei** Bienenhaus
**85 Hinter den Türen** König und Königinnen

**91 Schlaumeierei** Seilerei
**93 Hinter den Türen** Gerettet!

**99 Schlaumeierei** Bartlhof
**103 Hinter den Türen** Mäuse ohne Manieren

**107** Schlaumeierei   Holzmannhof

**111** Hinter den Türen   Ein Brief in die Zukunft

**116** Übersichtskarte

**118** Öffnungszeiten/Anfahrt

**119** Autorin und Illustratorin

## Hallo,

ich bin der Max und wohne bei Murnau in Oberbayern. Das Freilichtmuseum Glentleiten ist ganz in der Nähe, deshalb bin ich dort gern unterwegs und habe schon so manches Abenteuer erlebt. Darum ist es kein Zufall, dass ich nach Amerang ins Bauernhausmuseum gekommen bin, denn auch hier gibt es viel zu entdecken! Zusammen mit meiner Freundin Emily bin ich den Geheimnissen hinter den Türen auf der Spur. Sie verbergen sich in den alten Häusern, Höfen und Gebäuden im Bauernhausmuseum. Mein Großvater hat mir das Geheimnis verraten und mir damit die Pforte zu vergangenen Zeiten geöffnet.

Manchmal wurde es bei unseren Abenteuern richtig aufregend, denn in Amerang fanden wir ein verstecktes altes Ei, einen Leichenwagen, einen Eisvogel und sogar eine Bienenvilla.

Aber auch wie die Gebäude in das Bauernhausmuseum kommen, ist eine spannende Sache: Ihr müsst Euch nur mal vorstellen, dass ein ganzes Haus an Euch vorbeifährt! Alle Gebäude und Gegenstände im Bauernhausmuseum sind Originale oder es wurden fehlende Teile ergänzt, damit sie für die Nachwelt erhalten bleiben.

Und wirklich, es fällt einem ganz leicht, sich vorzustellen, wie die Menschen früher gelebt haben.

In diesem Museumsführer könnt Ihr unsere Abenteuer in den Kapiteln „Hinter den Türen...“ miterleben, alles Wissenswerte zum Bauernhausmuseum Amerang, den Häusern und den Bewohnern findet Ihr in der „Schlaumeierei“.

Viel Spaß beim Lesen und Entdecken wünscht Euch

**Euer Max**

# SCHLAUMEIEREI

### Bauernhausmuseum Amerang

Das Bauernhausmuseum befindet sich in Amerang, einem kleinen Dorf zwischen Wasserburg und dem Chiemsee. Landschaftlich herrlich gelegen, kann man mit dem Fahrrad die Gegend erkunden oder mit einer echten Dampflokomotive durch den Chiemgau fahren. Von München aus gelangt man mit dem Auto in gut 70 Minuten in das 75 km entfernte Museum.

Der Weg lohnt sich, denn Amerang hat einiges zu bieten und vor vielen Jahren sogar eine Goldmedaille für „das schönste Dorf Bayerns" gewonnen. Rund 3.600 Einwohner haben das Glück, in Amerang zu wohnen. Es gibt übrigens kein anderes Dorf in Bayern, das gleich drei Museen hat!

Bild oben: In der Austragskammer im Obergeschoss des Bernöderhofs wohnten früher die Altbauern.

**Am 4. März 1976 fand die Hebfeier des Museums in der Stube des Holzmannhofs statt (Bild oben), der als erster Hof aufgebaut wurde (Bild unten).**

Die Ameranger können sich also aussuchen, ob sie das EFA Automobilmuseum mit Modelleisenbahn und jeder Menge Oldtimern, das Schloss oder das Bauernhaus-museum besuchen möchten. Im Schloss Amerang gibt es auch Führungen durch die Arkaden und Gemächer und jedes Jahr tolle Schlosskonzerte und ein Ritterfest.

Wer lieber draußen in der Natur bleiben möchte, taucht in einem der vielen Badeseen ab, begibt sich auf den Moorlehrpfad oder entdeckt das Bauernhausmuseum für sich.

Seinen Anfang nahm das Bauernhausmuseum Amerang mit dem Wasserburger Unternehmer Josef Bauer (vom Bauer-Joghurt), der die Idee für ein Bauernhausmuseum für das östliche Oberbayern hatte. Als Mitstreiter hatte er Theodor Heck, den örtlichen Heimatpfleger, der die meisten Bauwerke in der Region gut kannte. Aber nur, weil viele Menschen freiwillig und ehrenamtlich mithalfen und die Landkreise, das Landesamt für Denkmalpflege und die bayerische Landesstiftung Geld dazugaben, konnte im Juli 1977 der erste Teil des Museums eröffnet werden. Seit 1982 gehört das Museum dem Bezirk Oberbayern und ist ein Zweigmuseum des Freilichtmuseums Glentleiten (bei Murnau).

**Auf der Wiese zwischen dem Häuslmannhof und der Furthmühle könnt Ihr den Schafen beim Weiden zusehen.**

Genau wie an der Glentleiten gelangen die Gebäude mithilfe einer Technik in das Museum, die sich „Translozierung" nennt. Die Gebäude werden an ihren ursprünglichen Standorten dokumentiert und abgebaut und im Museum teilweise „Stein für Stein" oder im Ganzen wiedererrichtet.

Heute kann man 17 originale Bauernhäuser, Werkstätten und technische Denkmale im Bauernhausmuseum entdecken. Auch die Einrichtungen stammen, wenn möglich, aus den Häusern. In diesen haben die früheren Bewohner also tatsächlich gelebt und gearbeitet. Nur wenn keine Einrichtungsgegenstände vorhanden oder diese zu stark beschädigt sind, ersetzt das Museum sie durch typische Gegenstände aus der jeweiligen Epoche. So erlaubt das Bauernhausmuseum eine spannende Reise zurück in eine Zeit, als fließendes Wasser im Haus, Toiletten mit Wasserspülung, Zentralheizung, Strom und Telefon noch in weiter Ferne lagen.

**Tipp:** Wenn Ihr mögt, bekommt Ihr an der Kasse einen kostenlosen Audioguide. Mit ihm könnt Ihr viel über das Museum, die Häuser und die Menschen, die darin wohnten, erfahren.

Max und Emily saßen auf der Gartenterrasse des Kramerladens im Freilichtmuseum Glentleiten. Hier hatten sie in den vergangenen Ferien schon jede Menge Abenteuer erlebt. Sie hatten die Geheimnisse hinter den Türen gelüftet und konnten gar nicht genug davon bekommen.

Emily strahlte Max an: „Und dein Opa Kurt hat tatsächlich auch in Amerang gearbeitet? Du glaubst also wirklich, auch dort könnten wir hinter die Türen…"

„… in die Vergangenheit schauen", beendete Max den Satz. „Ja, Emily, das können wir, und es gibt sogar eine Schreinerin in Amerang, die Opa Kurt noch kannte. Sie hat uns einen Schlafplatz in der Hausmeisterwohnung organisiert. Jetzt muss ich nur noch herausfinden, wie wir am besten von hier nach Amerang kommen."

Er beugte sich über die Landkarte und zeigte mit dem Finger auf eine bestimmte Stelle: „Da, genau da, liegt das Bauernhausmuseum Amerang." Emily, die neben ihm auf der Bank saß, schaute interessiert auf die Karte. „Und wie weit ist das von hier, Max?"

„Von der Glentleiten bis nach Amerang sind es Luftlinie 85 km, mit dem Auto etwa 110 km." Emily zog die Augenbrauen hoch. „Woher weißt du das denn so genau?"

Max grinste sein Max-Grinsen: „Weil ich im Internet nachgeschaut habe, darum. Amerang ist ein kleines Dorf in der Nähe vom Chiemsee. Auch Wasserburg am Inn ist nur 11 km entfernt. Es ist sicher sehr schön dort."

Emily schlug sich begeistert auf die Knie. „Das klingt ja toll, Max. Und du bist dir sicher, dass wir hinfahren dürfen?"

Max nickte: „Wenn meine Eltern und deine Tante es sich nicht noch einmal anders überlegen, dann ja. Stell dir vor, die ehemalige Hausmeisterwohnung ist direkt auf dem Gelände des Bauernhausmuseums. Die Wohnung hat sogar eine Küche. Wir müssen nur unsere Schlafsäcke mitnehmen. Betten gibt es leider nicht."

Emily klatschte in die Hände: „Mensch Max, das wird ja immer besser. Lass uns zu deinen Eltern gehen und die Reise planen, ja?"

Wenig später saßen sie bei Max' Mutter in der Küche und erstellten gemeinsam den Fahrplan. Losgehen sollte die Reise am 8. August. Max und Emily würden ab Murnau die Regionalbahn um 11.18 Uhr nehmen.

„In München müsst ihr umsteigen und dann bis Bad Endorf fahren. Von dort fährt die ‚LEO', das ist die Lokal-

bahn Endorf – Obing, direkt nach Amerang. Zum Bauernhausmuseum sind es dann nur noch ein paar Meter zu Fuß.
Traut ihr euch das zu?", fragte Max' Mutter. „Klar trauen
wir uns das zu", riefen Max und Emily gleichzeitig.

Am nächsten Tag telefonierte Max' Vater mit Annemarie Holzinger, der Schreinerin aus Amerang. Sie versprach,
ein Auge auf die Kinder zu haben, und nannte ihre Handy-
Nummer, unter der sie jederzeit erreichbar war. Dem Abenteuer Amerang stand also nichts mehr im Weg!

Ein paar Tage später saßen Max und Emily im Zug und
konnten es vor Aufregung kaum aushalten. Sie hatten jeder
einen großen Rucksack dabei, in dem sich alles befand, was
sie für ihren Aufenthalt brauchen würden: Schlafsäcke, Isomatten, Waschzeug, Stirnlampen, Campinggeschirr, Regen-
jacken, Wanderschuhe, Handys, Essensnotrationen. Emilys
Tante, bei der sie regelmäßig ihre Ferien verbrachte, und
Max' Eltern hatten wirklich an alles gedacht. Selbst wenn
die Welt untergehen würde, wären sie gerüstet!

Max, der gerade noch seinen Eltern zugewinkt hatte,
schloss das Fenster und ließ sich mit einem tiefen Seufzer
in den Sitz fallen. „Puh, die sind ja aufgeregter als wir."

Emily grinste: „Aber jetzt sind sie weg und auf uns warten viele Abenteuer. Ich habe Hunger!" Sie griff nach dem
Rucksack und holte zwei der zwölf Brote heraus, die ihre
Tante geschmiert hatte. Eines warf sie Max zu. „Hier, für
dich."

Es wurde still im Abteil, als sie sich mit viel Appetit über
die Brote hermachten. Draußen flog die Landschaft vorbei.
Max war der erste, der wieder sprach: „In München müssen
wir in den Regional-Express umsteigen." „Und dann geht es
expressi nach Bad Endorf", sagte Emily.

Die beiden schafften den Umstieg problemlos, obwohl
der Weg von einem Bahnsteig zum nächsten kompli-
ziert war. Kaum saßen sie auf ihren Plätzen im neuen Zug,
schaute Emily Max flehentlich an: „Ma-aax, kannst du mir

bitte noch mal die Geschichte mit deinem Großvater Kurt
erzählen. Also die, in der er dir das mit den Türen verraten
hat.‟

Und obwohl Max die Geschichte schon mindestens hun-
dertmal erzählt hatte, gab er nach und berichtete von seinem Großvater Kurt, der viele Jahre an der Glentleiten als
Zimmerer gearbeitet hatte.

„Opa Kurts Augenbrauen sahen aus wie Draht und er
trug eine kleine runde Brille – auch wenn ich mich immer
gewundert habe, wie er durch den feinen Holzstaub auf den
Brillengläsern überhaupt etwas sehen konnte. Als ich ganz

klein war, dachte ich sogar, er wäre selbst aus Holz, weil er so danach gerochen hat. Auf jeden Fall…"

Jetzt kam Emilys Lieblingsstelle, denn hier nahm Max' Stimme immer einen sehr verschwörerischen Ton an: „… kannte er das Geheimnis der Türen. Er wusste, wenn er zu bestimmten Zeiten, bestimmte Türen öffnete, konnte er in die Vergangenheit blicken und sehen, wie die früheren Bewohner der Häuser gelebt haben."

„Und dir hat er dieses Geheimnis verraten", hauchte Emily. „Genau. Und ich habe es dir verraten", sagte Max. „Aber jetzt wollen wir sehen, was für Geheimnisse sich hinter den Türen des Bauernhausmuseums in Amerang verbergen. Denn dort hat mein Großvater zum Glück auch eine Zeit lang gearbeitet."

In Bad Endorf stiegen Max und Emily in die Chiemgauer Lokalbahn um und fühlten sich in vergangene Zeiten versetzt, als sich der historische Triebwagen aus dem Jahr 1952 in Bewegung setzte.

Am Bahnhof in Amerang wurden sie von Annemarie Holzinger in Empfang genommen und zum Bauernhausmuseum begleitet. Max fiel auf, dass sie – genau wie sein Großvater – nach Holz roch. Max knuffte Emily heimlich in die Seite und grinste: „Der Name Holzinger passt zu ihr."

Max und Emily mochten Annemarie sofort und freuten sich, als sie ihnen das „Du" anbot. Schon vom Parkplatz aus fiel Max ein großes Wasserrad auf. Annemarie erklärte ihnen, dass es zu einer ehemaligen Sägemühle gehörte. Max und Emily sahen sich vielsagend an und dachten beide das gleiche: Das würden tolle Ferien!

# SCHLAUMEIEREI

## Sägemühle

Wenn man über den Parkplatz des Museums geht, fällt der Blick auf das eindrucksvolle Wasserrad der Sägemühle aus Waldhausen (Landkreis Traunstein). Das Sägewerk wurde um 1800 erbaut, allerdings taucht die Mühle auch schon in älteren Urkunden (um 1500) als Getreidemühle auf. Das Wasserrad hat einen Durchmesser von vier Metern, das entspricht in etwa der Länge eines mittelgroßen Autos.

Am ursprünglichen Standort gab es außer der Sägemühle noch eine Getreidemühle, ein Wohnhaus und einen kleineren Stall. Meist konnten die Betreiber der Mühlen nämlich nicht von einer Arbeit allein leben. Alles zusammen

Bild oben: Der Baumstamm wird auf den Blockwagen eingeklemmt und durch das Sägegatter geschoben.

**Das Wasserrad treibt über eine Transmission das Sägegatter und den Vorschub des sogenannten Blockwagens an.**

reichte wahrscheinlich gerade so zum Überleben. Reich waren die Mühlenbesitzer sicher nicht.

Im Jahr 1980 wurde die Mühle ins Bauernhausmuseum Amerang gebracht. Doch bei der Übernahme war kein Wasserrad vorhanden und auch Teile der Technik für den Antrieb fehlten. Beides wurde von den Museums-Fachleuten originalgetreu nachgebaut. Das war gar nicht so einfach, weil nur noch wenige vergleichbare Mühlen erhalten waren. Früher war das ganz anders, da gab es sehr viele solcher kleinen, einfachen Sägemühlen. Wichtig war nur, dass es genügend Holz und vor allem ein fließendes Gewässer gab.

Hier, im Bauernhausmuseum, gibt es reichlich davon. Es kommt aus dem kleinen Ameranger Bach, in dem sich auch Bachforellen und Rotaugen tummeln. Im Frühjahr und im Herbst wurde sogar schon ein Eisvogel gesichtet, der nach Beute Ausschau hielt. Ihr erkennt ihn an seinem spitzen Schnabel. Sein Gefieder ist auf der Oberseite kobaltblau bis türkis, auf dem Rücken hat er einen blauen Streifen und auf der Unterseite ist er rostrot oder rotbraun. Wenn er ruft, dann hört sich das so an: „tieht" oder „ti-it". Der Eisvogel frisst Fische, Wasserinsekten, kleine Krebse und Kaulquappen. Da dürfte er im Ameranger Bach sicher satt werden.

Genau wie der Eisvogel waren die Mühlenbesitzer vom Wasser abhängig. Gab es zu wenig, reichte es nicht, um das Mühlrad anzutreiben. War es zu viel, war das auch nicht gut. Bei einem Hochwasser stand häufig das Untergeschoss der Sägemühle unter Wasser. Wenn man sich gar nicht mehr zu helfen wusste, holte man den sogenannten „Mühlarzt". Dieser war für Arbeiten am Kanal, am Wasserrad und am Getriebe zuständig. Dafür brachte er sein Werkzeug mit. Er konnte sogar ausrechnen, wie groß ein Wasserrad für die vorhandene Wassermenge sein musste. So ein „Mühlarzt" musste also richtig gut rechnen können. Er baute alles aus Holz, auch die Zahnräder und das Getriebe. Später, als man immer mehr Eisen verwendete und die Mühlen mit Turbinen ausgestattet wurden, starb dieser holzverarbeitende Beruf aus.

Die Sägemühle war bis in die 1950er Jahre noch in Betrieb und direkt an das Wohnhaus mit kleinem Stall angebaut.

Gleich neben der Sägemühle findet Ihr übrigens ein großes Feld, auf dem alte Getreidesorten angebaut werden, die heute nur noch sehr selten auf den Äckern zu finden sind. Mindestens zehn Sorten wachsen dort wie in alten Zeiten. Sie haben teilweise lustige Namen wie Jubilar, Langs Tassilo, Bayernkönig, Rottweiler Frühkorn, Roter Emmer oder Einkorn. Die Arbeit auf dem Feld war sehr anstrengend, weil man vor der Industrialisierung und der Mechanisierung der Landwirtschaft noch keine Maschinen hatte. Bevor man also mit dem Getreide zur Mühle gehen konnte, gab es viel zu tun. Ausgesät wurde per Hand. Das Unkraut wurde mit einem Distelstecher oder Gabelstock entfernt. Für das Ernten verwendete man Sichel, Sense oder einen Rechen. Schließlich wurde das geerntete Getreide mit einem Dreschflegel gedroschen, damit sich das Korn aus der Ähre löste. Dann erst konnte man sich auf den Weg zum Müller machen, der aus den Körnern Mehl herstellte. Aus dem Mehl buk man dann das Brot, das wir heute so einfach beim Bäcker oder im Supermarkt kaufen können. Man brauchte das Mehl aber auch für Brei, Mus, Schmarrn und Nudeln.

**Tipp:** Schaut doch mal in das Jahresprogramm des Bauernhausmuseums Amerang. Da gibt es immer wieder die Gelegenheit, die Sägemühle in Aktion zu sehen, und am „Waschtag" wird sogar im Ameranger Bach die Wäsche gespült.

# Hinter den Türen...
# Der abgebrochene
# Zahn

Max und Emily waren Annemarie voller Spannung gefolgt und jubelten, als sie das Haus sahen, in dem sie einen Teil der Ferien wohnen durften. Denn die ehemalige Hausmeisterwohnung befand sich im Obergeschoss der alten Schmiede. Die Sonne schien auf den verwitterten Holzbalkon. Vor dem Haus standen einige Tische, Stühle und ein Pfirsichbaum rankte sich an der Hauswand empor. Emily zeigte auf die Tische. „Oh wie schön, Max. Wir können sogar draußen essen."

„Stimmt", sagte Annemarie. „Aber jetzt zeige ich euch erst einmal, wo ihr genau wohnen werdet."

Eine schmale Stiege unter einem Holzdach führte steil aufwärts. Oben angekommen, schloss sie die Tür auf und Max und Emily betraten die Wohnung. Es war mehr, als sie

erwartet hatten. Sie standen in einem großen Wohnraum mit einem Holzfußboden, auf dem sie prima ihr Schlaflager aufbauen konnten. Emily, die schon im nächsten Zimmer angekommen war, rief: „Hey Max, hier ist die Küche. Auch ein Bad ist da, außerdem ein schmaler Balkon."

Annemarie übergab ihnen einen Schlüssel: „Wenn ihr irgendetwas braucht, dann sagt mir jederzeit Bescheid. Ich bringe euch heute Nachmittag noch Milch, Brot und ein wenig Obst vorbei. Außerdem könnt ihr im Museums-stüberl etwas zu essen und zu trinken kaufen. Es hat immer, außer montags, von 9.00 bis 18.00 Uhr geöffnet." Mit die-sen Worten verließ sie die Wohnung.

Max und Emily trugen ihre Rucksäcke in das große Wohnzimmer und legten die Isomatten und Schlafsäcke auf den Boden. Schon bald hatten sie sich eingerichtet und ihr gemütliches Schlaflager für die Nacht war bereit. „Dann können wir ja jetzt noch ein bisschen rausgehen, solange es noch hell ist. Ich würde mir gern das Wasserrad anschauen, das wir vom Parkplatz aus gesehen haben ", schlug Max vor. Emily war einverstanden und so rannten sie übermütig zur Sägemühle, die nur ein paar Meter von der Schmiede entfernt lag. Endlich konnte Max sich das große Mühlrad ansehen, das ihm schon von Weitem aufgefallen war. Er war so in den Anblick vertieft, dass er über etwas stolperte, sich fast überschlug und auf dem Gesicht im Dreck landete. Emily war sofort bei ihm. „Max, hast du dir weh getan?"

Max hob das Gesicht und stöhnte. „So ein Mist, ich bin über irgendetwas gestolpert." Er stand auf, griff nach einem Stein und pfefferte ihn wütend in den Bach, klopfte sich den Schmutz von der Hose und sah Emily an, die inzwischen ganz weiß im Gesicht geworden war.

„Was ist denn, Emily? Du siehst aus, als hättest du ein Gespenst gesehen!"

„Max, ich glaube, ich denke, du hast dir ein Stück Schneidezahn abgebrochen."

„Was?" Max griff sich in den Mund und fühlte nach. Er spürte am linken vorderen Schneidezahn eine scharfe Kante.

„Es fehlt aber nur ein ganz kleines Stück. Tut es sehr weh?" „Nö, aber ich werde morgen wohl zum Zahnarzt müssen", antwortete Max, während er mit seiner Zunge immer wieder über die schroffe Stelle fuhr. „Na egal, jetzt schauen wir uns aber endlich die Sägemühle an."

Gemeinsam stiegen sie die wenigen Stufen zum Tor der Sägemühle hinauf, öffneten diese – und hielten schlagartig die Luft an. Sie hatten fast vergessen, wie es war, wenn sich ein Tor zur Vergangenheit öffnete. Die Luft hatte sich um ein paar Grad abgekühlt und ein frischer Wind schien aus der Mühle zu wehen. Max und Emily sahen sich an, denn sie wussten beide, was das zu bedeuten hatte: Sie konnten in die Vergangenheit der Mühle und ihrer Bewohner blicken, ohne dabei selbst gesehen zu werden. Neugierig spähten sie in den halbdunklen Raum, der rundherum mit Holz verkleidet war. In der Mitte lag ein dicker Baumstamm auf dem Blockwagen. Davor knieten zwei Männer auf dem Boden. Der eine zeichnete etwas auf ein Blatt Papier, das aussah wie ein Drachenzahn. Jetzt zog der andere ein Brett hervor, auf dem offenbar verschiedene Holzzähne befestigt waren. Sie verglichen die Zeichnung mit den Mustern. Max atmete tief ein: „Das ist ja ein Mühlarzt. Der wurde gerufen, wenn es etwas zu reparieren gab. Egal, ob das Wasserrad kaputt war, Mahlsteine geschärft oder Holzzähne ausgetauscht werden mussten, der Mühlarzt konnte helfen. Er besaß die Werkzeuge eines Steinmetzes, Schlossers und Schreiners."

Emily stieß Max sanft in die Seite: „Hey Max, das ist ja super. Dann kann der bestimmt auch deinen Zahn reparieren!"

Emily konnte gerade noch das Blitzen in Max' Augen wahrnehmen, da drehte sie sich schon um und rannte, so schnell sie konnte, davon. Denn Max hatte bereits die Ver-

folgung aufgenommen und preschte in einem Affenzahn hinter ihr her. Als er sie schließlich stellte, hätte ihr auch kein Mühlarzt geholfen, denn für das Auskitzeln war der nicht zuständig. Lachend traten sie gemeinsam den Rückweg zur Hausmeisterwohnung an und freuten sich, dass die Ferien gerade erst angefangen hatten.

# SCHLAUMEIEREI

### Häuslmannhof

Der Häuslmannhof wurde 1751 erbaut und stammt aus Auf-
ham bei Aschau im Landkreis Rosenheim. Dieser Hof war
ein ganz besonderer Glücksfall für das Bauernhausmuseum
Amerang, denn obwohl er 15 Jahre lang nicht bewohnt
wurde, hegte und pflegte ihn Marianne Gruber, die letzte
Eigentümerin, liebevoll. Sogar Blumen vor den Fenstern
fehlten nie. Marianne Gruber wurde 1926 im Häuslmannhof
geboren und war sehr glücklich, dass ihr Haus ins Museum
kam und erhalten blieb, nachdem die Familie längst in
einem Neubau wohnte.

   Aber als Museumsmitarbeiter sich 1994 den Hof
ansahen, ahnten sie sicher nicht, dass die „Translozierung"
des Häuslmannhofs eine etwas „bröselige" Angelegen-
heit werden würde. Den Häuslmannhof zerlegte man in 22
Teile, dafür wurde das Mauerwerk in große Stücke gesägt.

**Bild oben: Wenn Ihr vor der Haustür steht und nach oben schaut, könnt
Ihr auf dem Firstbalken die Jahreszahl 1751 lesen.**

Die Baugeschichte des Häuslmannhofs ist mit 14 „Einblicken", die auf einem Faltblatt erläutert werden, zu entdecken.

Wenn Ihr genau hinseht, dann könnt Ihr an der Fassade des Hofs die Schnittstellen sehen. Früher wurden die Häuser für das Museum auch Stein für Stein abgetragen und wieder aufgebaut. Heute verwendet man dafür eine Technik, die „Ganzteil-Translozierung" heißt. Das hat den Vorteil, dass die Wände erhalten bleiben und nicht auseinander bröseln.

Denn für den Bau des Häuslmannhofs verwendete man runde Bachkugeln, kleine Kalksteine, Tuff und Sandstein, die man mit Kalkmörtel verband. Die einzelnen Hausteile setzte man auf dem Gelände des Bauernhausmuseums wieder zusammen und ergänzte sie zum Teil mit neuen Wandstücken – wie ein großes Puzzle! Die einzelnen Teile waren natürlich unglaublich schwer. Die Küche und die Räucherkammer konnten sogar im Ganzen transloziert werden. Allein die Küche wog 50 Tonnen! Zum Vergleich: Ein asiatischer Elefant wiegt im Durchschnitt 3,5 Tonnen, das heißt, die Küche war so schwer wie rund 14 ausgewachsene, asiatische Elefanten! Dafür musste schweres Gerät eingesetzt werden. Die Wandstücke wurden aufwendig verpackt und mit einem großen Kran auf einen Schwertransporter geladen. Der Tieflader fuhr einige Male rund um den Chiemsee und hat die Bauteile ins Museum gebracht. Im ehemaligen Stall des Häuslmannhofs könnt Ihr einen Film des Bayerischen Rundfunks ansehen, der die komplizierte Translozierung des Hauses von Aschau nach Amerang in einzelnen Schritten zeigt. Ihr seht darin auch die letzte Besitzerin, Marianne Gruber, die alles mit anschaut. Man sieht ihr fast an, wie sie an die Zeit in dem Haus denkt, in dem sie so lange gelebt hatte. 1985 zog die Familie in einen Neubau und es dauerte noch viele Jahre bis der alte Häuslmannhof in das Bauernhausmuseum Amerang kam.

Damit sich die Besucher gut vorstellen können, wie die Bewohner in den Häusern gelebt haben, versucht das Museum – wenn möglich – die Original-Ausstattung zu bekommen. In diesem Fall konnten nicht alle Einrichtungsgegenstände übernommen werden. Aber fast komplett vorhanden ist die Küchen- und Stubeneinrichtung sowie die Stubenkammer. Wie die anderen Zimmer eingerichtet waren, könnt Ihr in den Informationskästen nachlesen. Für die Gardinen in der sogenannten „Stubenkammer" wurde sogar das Muster der alten Gardinen digitalisiert, auf Stoffen nachgedruckt und zu neuen Gardinen mit dem alten Muster und Schnitt verarbeitet. Das war nötig, weil die alten Gardinen durch Licht und Gebrauch schon stark beschädigt waren. Man entschloss sich daher, die Originale schonend zu reinigen und in ganz besonderen Kartons im sogenannten „Depot" zu lagern. Sie werden dort sicher aufbewahrt. Das Depot ist ein wahrer Schatz an Originalen aus vergangenen Zeiten.

Das hätte sicher auch Maria Steinbacher, der Tante von Marianne Gruber, gefallen, die nebenbei als Näherin gearbeitet hatte. Damit verdiente sie ein „Zubrot" für die Familie. Die Spuren des Kopierrädchens, mit dem sie die Schnittmuster „ausradelte", sind noch heute auf der Platte des Stubentisches zu finden. Man erzählt sich, dass Tante Maria am liebsten Dirndl und Sommerkleider nähte. Sie besuchte die Kunden in ihren Häusern. Den Stoff für die Kleider kauften Marias Kunden selbst im Kramerladen oder bei einem herumfahrenden Hausierer. Die aktuellen Modetrends fanden sie in Modejournalen, die Maria ihnen mitbrachte. Genäht wurde meist bei den Kunden zu Hause, das nannte man „auf die Stör gehen". Maria erledigte auch ganz viele Ausbesserungs- und Änderungsarbeiten und nähte die Aussteuer für die Hochzeiten. Besonders die Kinder des Häuslmannhofs liebten Tante Maria sehr, die übrigens selbst keine Kinder hatte. Man kann sich gut vorstellen, dass Maria viele Geschichten mitbrachte, wenn sie von den Besuchen bei ihren Kunden heimkam. Diese konnte sie dann den Kindern erzählen, die bestimmt gespannt zuhörten. Wie viele Nadeln Maria als Näherin verbrauchte, weiß heute natürlich niemand mehr, doch einige davon fand man beim Abbau unter dem Fensterbrett in der Stube.

HINTER DEN TÜREN...
BADE-
TAG

Zum Glück stellte sich heraus, dass Max' Zahn bei dem Sturz nicht sehr gelitten hatte. Er musste also nicht, wie das Zahnrad der Sägemühle, ausgewechselt werden. Der Zahnarzt hatte den Zahn lediglich ein wenig rund geschliffen, damit die scharfe Kante nicht störte. Als Max zurückkam, staunte er nicht schlecht, als er sah, dass Annemarie ihnen zwei Fahrräder vor das Haus gestellt hatte. Auf einem kleinen Zettel, der an der Lenkstange klebte, wünschte sie ihnen viel Spaß beim Erkunden von Amerang. Jetzt mussten sie nicht mehr jeden Meter zu Fuß gehen und konnten auch ihre Einkäufe im Dorf mit dem Fahrrad erledigen. Max und Emily fühlten sich schon sehr wohl in der Hausmeisterwohnung. Tagsüber, vor allem bei schönem Wetter, war manchmal richtig viel los. Früh morgens waren die Tore noch geschlossen und Max und Emily saßen auf dem schmalen Balkon. Sie hatten sich ihr Frühstück, Milch und Honigbrote, mit nach draußen genommen und ließen den Blick über das schlafende Museumsgelände schweifen. Es würde ein heißer Tag werden, doch noch konnten sie die frische Morgenluft genießen.

„So könnte es immer bleiben", sagte Max. Emily zog überrascht die Augenbrauen hoch: „So ruhig? Also ich hätte nichts dagegen, etwas zu erleben."

Max sprang auf. „Stimmt, du hast recht. Wer zuerst bei den Fahrrädern ist."

Sie rannten los, die Treppe runter, stürzten zu den Fahrrädern. Emily hatte Mühe, Max einzuholen, der mit dem Rad wie ein Sturm davonrauschte. Sein Ziel war der ein paar Kilometer entfernte  Friedlsee. Von der Strampelei aufgeheizt, sprangen sie samt T-Shirt und Hose in das kühle Wasser und tobten und lachten so lange, bis sie kaum noch Luft bekamen. Es war einfach herrlich, ohne Eltern und Tante Ferien zu machen. Wenig später radelten sie erfrischt, aber sehr viel gemütlicher zurück Richtung Bauernhausmuseum.

„Da erwartet uns heute auch noch ein Badetag", rief Max Emily über die Schulter zu. „Wirklich?", schrie Emily zurück, die keine Ahnung hatte, was Max damit meinte, doch sie war sehr gespannt, welches Geheimnis er diesmal lüften wollte. Bestimmt ging es wieder um eine der Türen. Doch um welche, verriet Max auch nicht, als er mit ihr wenig später über das Gelände spazierte.

„Max, was ist denn jetzt mit dem Badetag?", fragte Emily. Sie hielt es einfach nicht mehr aus. Doch Max grinste nur: „Psssst! Ich werde es dir sagen…", er sah auf die Uhr, „in genau 25 Minuten und 23 Sekunden".

Sie gingen in ihre Wohnung und Emily nahm sich ein Buch, um die Zeit zu überbrücken. Gerade, als sie ganz vertieft war und alles um sich herum vergessen hatte, schob sich von oben ein Zettel in ihr Buch. Darauf stand: SAMSTAG IST BADETAG! KOMMST DU MIT? Max zog den Zettel schnell zurück und sah sie auffordernd an.

„Und? Bist du bereit?" „Na klar", antwortete Emily und sprang sofort auf. Ein paar Minuten später betraten sie den Häuslmannhof, von dem Max zu erzählen wusste, dass hier zeitweise drei Generationen unter einem Dach gelebt hatten. Max und Emily gingen in die Küche. Hier sah es aus, als wäre die Zeit vor dem Krieg stehen geblieben. Ein alter Eisenherd mit einem großen Ofenrohr beherrschte den Raum. Ansonsten: eine Küchenanrichte aus Holz, ein blau gestrichener Holzstuhl, ein großer Waschplatz aus Stein (aus dem Hahn kam nur kaltes Wasser) und ein Küchenschrank mit Arbeitsplatte. Auf dem Fußboden wurden rotweiße Steinfliesen von einem Sichtfenster unterbrochen, das in den Boden eingelassen war. Es erlaubte einen Blick auf die unterschiedlichen Ziegel und geflickten Stellen des Küchenpflasters von 1751.

Max wies auf eine freigelegte Rußfläche an der Wand. „Jetzt weißt du auch, warum man diese Küche ‚die schwarze Küche' oder auf Bayerisch ‚Rußkuchl' nannte. Da muss jahrhundertelang ein offenes Feuer gebrannt haben."

„Da war bestimmt ein unglaublicher Rauch hier drinnen", meinte Emily, die sich kaum vorstellen konnte, auf so einem Herd zu kochen. Dazu fiel ihr ein Spruch ein: „Kocht der Koch im Rauch, schmeckt das Essen auch!"

Als wäre dies sein Stichwort, ging Max in die Hocke und zog Emily neben sich vor den Küchenherd. Er öffnete eine der sechs Türen und Max und Emily erlebten wieder dieses Wunder, das sie nicht begreifen konnten: Es war wie Zauberei. Zuerst sahen sie nur ein flackerndes Feuer, dessen Hitze ihnen die Tränen in die Augen trieb. Dann aber wurden

die Flammen kleiner und Max und Emily blickten in genau
die Küche, in der sie sich gerade selbst befanden. Doch da
herrschte Hochbetrieb. Eine Frau zog eine Plastikwanne in
den Raum und goss mit einem Topf heißes Wasser hinein.
Dann schüttete sie mit einem Eimer kaltes Wasser hinzu.
„Samstag war Badetag", flüsterte Max. Plötzlich sahen sie
zwei Kinder, die fröhlich in die Wanne sprangen. Emily

schaute den beiden zu, die wild herumplantschten und großen Spaß zu haben schienen. Irgendwann sorgte die Bäuerin für Ruhe und schrubbte den Kindern Rücken und Körper so kräftig ab, dass die Haut rot wurde. „Sauber", sagte sie dann fröhlich und scheuchte sie aus der Wanne.

Vor Max und Emilys Augen schlugen die Flammen wieder hoch und sie dachten schon, der Blick in die Vergangenheit wäre versperrt, doch dann sahen sie plötzlich noch einmal klar und deutlich die Küche des Häuslmannhofs vor sich. Wieder holte die Bäuerin eine Wanne herbei. Diesmal war sie aber viel größer und aus Blech. Auch sie wurde mit heißem Wasser aus dem Topf und kaltem Wasser aufgefüllt. Der Bauer kam herein. Max und Emily sahen ihn nur von hinten. Er zog sein Hemd aus und wollte gerade die Hose ausziehen, da schlug Emily hastig die Tür des Herds zu. „Jetzt haben wir genug gebadet, Max."

# SCHLAUMEIEREI

### Wagnerhäusl

Nicht selten erkennt man schon am Hausnamen, wer darin gewohnt hat und vor allem, welchen Beruf der Bewohner ausübte. So ist es auch im Fall des Wagnerhäusls, das um 1810 erbaut wurde und aus Oberratting bei Amerang stammt. Ein Wagner stellte neben Wagen und Karren auch landwirtschaftliche Geräte wie Pflüge, Rechen, Heugabeln, Dreschflegel, Leitern und sogar Schlitten her. Darum war der Beruf des Wagners auch sehr angesehen, denn seine Produkte waren wichtig für die tägliche Arbeit. Oft lagen Schmiedewerkstatt und Wagnerwerkstatt nahe beieinander, da sie viele Werkstücke zusammen bzw. nacheinander bearbeiten mussten. Bis 1800 gab es in Bayern etwa 3.800 Wag-

**Bild oben: Im Erdgeschoss des Wagnerhäusls ist die Werkstatt eingerichtet.**

**Der Wagner stellte hauptsächlich hölzerne Räder her. In der Wagnerei im Museum werden die einzelnen Arbeitsschritte erklärt.**

ner. Fast in jedem Ort war eine Wagnerei ansässig. Doch durch die fortschreitende Industrialisierung und die Mechanisierung im Handwerk nahm die Zahl der Wagner bis 1900 mehr und mehr ab.

**Viele Wagner spezialisierten sich auf den Bau von Skiern und Eisstöcken, als für die Wägen keine „Holz-Reifen" mehr gebraucht wurden.**

Bis 1864 hat im Wagnerhäusl ein Wagner gearbeitet. Er hatte weder Wasserkraft noch Strom zur Verfügung. Allein seine Muskelkraft setzte er ein, um seine Waren herzustellen. Sein wichtigstes Produkt war das Holzrad. Es bestand grundsätzlich aus Nabe, Speiche und Felge. In der Mitte saß die Radnabe, von ihr gingen strahlenförmig die Holzspeichen aus, auf denen die Felgenteile aufsaßen. Über die Radnabe und die Felge wurden vom Schmied Eisenringe gezogen, um die Stabilität des Rades zu erhöhen. Der Ring über der Felge hieß „Eisenreifen".

Euer Rad am Fahrrad ist heute meist aus Aluminium und Gummi. Der Wagner früher verwendete Holz. Wenn Ihr wollt, schaut Euch vor der nächsten Fahrradtour Eure Räder doch einmal genauer an und stellt Euch die ganze Konstruktion in Holz vor.

Doch nicht jeder konnte sich einfach „Wagner" nennen und Räder bauen. Um eine eigene Werkstatt eröffnen zu können, musste man die Meisterwürde erwerben. Dafür waren bis 1853 zwei Jahre Lehre und drei Jahre Wanderschaft Pflicht. Unterwegs arbeitete der Geselle bei verschiedenen Meistern mit. Das war keine schlechte Tradition, denn so lernten die Gesellen verschiedene Techniken kennen. Wenn sie zurückkamen, mussten sie ein Meisterstück herstellen. Erst mit dieser bestandenen Prüfung konnte der Meister die Handwerkszunft um Erlaubnis bitten, selbstständig eine Werkstatt zu eröffnen.

Wie viele der alten Häuser hat auch das Wagnerhäusl seine Geheimnisse. Ihr findet auf der Eingangstüre zwei Löwen, die sich gegen ein Wagenrad stemmen. Das war schon an der Tür der erste Hinweis auf den Besitzer des Hauses und dessen Beruf. Fast so etwas wie ein Werbeschild. Außerdem fand man im Erdgeschoss in der Werkstatt zwischen den Fenstern ein Wandkästchen, das in eine Mauernische eingebaut war. In den Boden dieses Kästchens war ganz versteckt ein kleiner Deckel eingelassen, unter dem sich ein Hohlraum befand. In diesem Hohlraum steckte ein Tonkrug! Hatten die Bewohner darin vielleicht Geld oder kleinere Wertsachen versteckt?

HINTER DEN TÜREN...
EIN SICHERES
VERSTECK

Als Max und Emily von ihrem Ausflug zum Häuslmann-hof zurückkehrten, gingen sie direkt in die Wohnung und machten es sich gemütlich. Es war schon spät am Abend, als sich die Luft nach dem heißen Tag endlich etwas abkühlte. Max riss alle Fenster auf.

„Es ist heiß wie in einem Backhofen hier drin. Was hältst du davon, wenn wir heute Nacht draußen schlafen?"

Emily sah überrascht auf. „Draußen, wie willst du drau-ßen schlafen, Max? Wir haben doch kein Zelt."

„Stimmt", antwortete Max, „aber wir haben einen Bal-kon", und bevor Emily noch etwas sagen konnte, schleppte er seinen Schlafsack auf den Balkon. Sofort schnappte sich Emily auch ihren. „Passe ich auch noch hin, Max?"

„Logisch. Nebeneinander geht es zwar nicht, aber so, Kopf an Kopf, das müsste klappen."

Schnell putzten sie sich die Zähne und kuschelten sich in ihre Schlafsäcke. Emily verschränkte die Arme unter ihrem Kopf und sah in den dunklen Nachthimmel, an dem inzwi-schen viele Sterne glänzten. Sie seufzte tief: „Das sind die schönsten Ferien, die ich bis jetzt hatte, Max."

„Ja, das finde ich auch", antwortete Max. „Meinst du, dass mein Großvater uns von da oben sehen kann?"
„Bestimmt", antwortete Emily. „Ich glaube, er sitzt da, hin-ter dem Stern rechts und lächelt uns zu."

„Ja, das kann sein", murmelte Max, der schon fast einge-schlafen war. Nur noch einmal, ganz kurz, sah er auf seine Armbanduhr und versicherte sich, dass er die Weckzeit richtig eingestellt hatte, dann schlief er ein.

Es war genau 2.43 Uhr, also mitten in der Nacht, als Max hochschreckte. Irgendetwas hatte ihn geweckt und das war nicht der Wecker an seiner Uhr gewesen, der würde näm-lich erst in einer Viertelstunde piepsen. Max sah zu Emily, die tief und fest schlief. Er stand auf und blickte über den Balkon. Was war das für ein Geräusch gewesen? Da war es wieder. Max zuckte zusammen, als er in diesem Moment auch noch Glas splittern hörte. Davon war nun auch Emily wach geworden. „Was war das, Max?"

„Ich habe keine Ahnung, aber los, zieh dich an. Wir schauen nach."

„Jetzt? Mitten in der Nacht?"

„Du kannst natürlich auch hier bleiben und weiter schlafen, während da draußen jemand die Fensterscheiben einschlägt", antwortete Max.

Doch Emily war schon auf den Beinen und zog gerade den Reißverschluss ihrer Jacke zu. „Ist ja schon gut. Also sehen wir nach." Sie griff nach ihrer Stirnlampe und war bereit. Gemeinsam schlichen sie die Treppen hinunter und spähten in die Dunkelheit. Max schlich zu den Fahrrädern. „Also das erste Geräusch kam von... So ein Mist!"

„Was ist denn los, Max?" Doch schon sah auch sie die Bescherung: Jemand hatte alle vier Reifen ihrer Fahrräder aufgeschlitzt. Sie waren platt und das Fenster zur Schmiede war auch eingeschlagen.

„Wer macht denn so etwas?", fragte sich Emily. „Wenn ich das wüsste, würde ich demjenigen eins auf die Nase geben", antwortete Max und kickte einen Stein weg. „Naja, hier können wir im Moment nichts machen. Wir müssen uns das morgen bei Tageslicht ansehen und Annemarie Bescheid geben."

Kaum hatte er das gesagt, fing Max' Uhr an zu piepsen. Emily erschrak und sah ihn entgeistert an. „Hast du dir den Wecker gestellt?"

„Habe ich", antwortete Max. „Und das hat auch einen Grund. Angezogen sind wir schon, wir können also sofort los."

„Wohin?", fragte Emily. „Zu den Löwen", war Max' geheimnisvolle Antwort. Er nahm Emily bei der Hand und gemeinsam schlichen sie durch die Nacht, die voller Geräu-

sche war. Emilys Sinne waren wie angespitzt, immer wieder glaubte sie, ein Knacken und Schleifen zu hören. Sie gingen an der Sägemühle vorbei. Der Ameranger Bach plätscherte, aber es hörte sich viel lauter an als tagsüber. Dann überquerten sie die große Wiese beim Häuslmannhof. Max summte ein Lied: „Willst du mal einen Wagen hab'n, dann ruf doch mal beim Wagner an…"

Emily blieb stehen. „Was singst du denn da die ganze Zeit. Das macht mich ganz nervös!" Max grinste: „Selbst erfunden. Jetzt kommen wir gleich beim Wagner an…"

Sie hatten die Tür des Wagnerhäusls fast erreicht und Max streckte gerade die Hand danach aus, da sprang diese mit einem Knall und wie von Geisterhand alleine auf. Max und Emily schnellten gerade noch blitzartig zur Seite. Denn jetzt rollten fünf, sechs, sieben Wagenräder zur Tür hinaus, auf die Wiese. Emily schoss ein kalter Schauer über den Rücken, denn die Holzräder sahen aus wie angeleuchtet. Bläuliches Licht schimmerte um sie herum, als sie einen wahren Wagenradtanz auf der Wiese vollführten. Sie tanzten im Schein der Sterne und Max und Emily sahen ihnen mit aufgerissenen Augen zu.

„Das gibt es doch nicht", flüsterte Emily. „Nein, das gibt es nicht", antwortete Max und drückte ihre Hand.

In diesem Moment hörten sie einen Schrei aus dem Haus: „Tür zu. Wie oft habe ich euch schon gesagt, dass ihr die Tür zu machen sollt!"

Als hätten die Holzräder dies als Kommando verstanden, fielen sie mit sieben dumpfen Geräuschen in die Wiese und der blaue Schimmer verschwand.

Max und Emily sahen einander an. Sie wussten, was zu tun war. Leise schlichen sie zur Eingangstür des Wagnerhäusls, die direkt in die Werkstatt führte. Im Türrahmen blieben sie stehen. Das goldene Licht einer Lampe erhellte den Raum. Da stand der Wagner. Sie waren also immer noch in der Vergangenheit und deshalb konnte er sie nicht sehen. Er öffnete ein Wandkästchen, fingerte am Boden des Kästchens herum, hob einen Deckel und ließ etwas in das Loch darunter fallen. Dann schloss er das Kästchen schnell und drehte sich zu den Kindern um. Max und Emily hielten die Luft an. Doch der Wagner sah sie tatsächlich nicht. Er murmelte leise vor sich hin: „Jetzt ist die Tür immer noch offen. Dass die sich das nicht merken können…"

Er versetzte der Tür einen Tritt mit dem Fuß und sie fiel vor den Nasen der Kinder zu. Gerade noch sah Max das Licht unter der Ritze hindurch schimmern, dann erlosch auch dieses und es wurde still.

Emily griff sich ans Herz: „Mensch Max, das war jetzt aber wirklich ein…"

„…Wagnis voller Wagenräder", beendete Max den Satz.

# SCHLAUMEIEREI

## Mittermayerhof

Der Mittermayerhof ist einer der ältesten erhaltenen Bauernhöfe Altbayerns und auch der älteste Bauernhof im Bauernhausmuseum Amerang. Teile des Flures sind aus dem Kernbau von 1525 erhalten. Der Hof stammt aus der Gemeinde Reichertsheim im Landkreis Mühldorf und gehörte damals um 1600 zu den reichen Höfen. Neben sieben Hektar Land (das entspricht etwa zehn Fußballfeldern) besaß der Bauer auch noch zwei Pferde, zwei Kühe, ein Jungrind, zwei Schafe und vier Lämmer.

1875 bewohnte Josef Schütz mit seiner Familie den Mittermayerhof und führte die Landwirtschaft mit Nebenerwerb. Er lebte mit seiner Frau Elisabeth, einem nicht ehelichen Sohn Matthias und drei weiteren Kindern, Maria, Hans und Elisabeth auf dem Hof. Die Kinder schliefen in einer kleinen Kammer hinter der Wohnstube, die Eltern in einer eigenen Kammer neben dem Durchgang zum Stall. Außerdem gab es noch eine Küche und eine Speisekam-

**Bild oben: Im Garten vor dem Mittermayerhof wachsen Heil- und Färbepflanzen.**

mer. Das war nicht viel Platz für eine sechsköpfige Familie. Josef Schütz war von Beruf Wegemacher. Er musste sich in einem bestimmten Gebiet darum kümmern, dass die Straßen und Wege in einem guten Zustand waren. Er füllte Schlaglöcher auf, zog Gräben oder reparierte Brücken. Auf die heutige Zeit übertragen, wäre Josef Schütz vielleicht bei einer Autobahnmeisterei angestellt.

Ihr seht den Mittermayerhof genauso, wie er 1875 von Josef Schütz und seiner Familie bewohnt wurde. Sogar Ziehbrunnen, Backhaus, Hausgarten, Zäune und Wegführung sind so angeordnet wie damals. Die Museumsfachleute haben die Standorte aus einem Vermessungsprotokoll aus dem Jahr 1855 übernommen.

Bei dem Backhaus, das übrigens auch das originale Haus vom Mittermayerhof ist, handelt es sich um eine seltene Ausführung mit zwei Backöfen. Auf den Höfen wurde alle zwei Wochen das Brot für die Hofbewohner gebacken. Früher blieben die Brote länger im Ofen, damit sie eine „resche" Kruste hatten und dadurch länger haltbar waren.

**Der Herrgottswinkel in der bäuerlichen Wohnstube liegt in der Ecke gegenüber dem Ofen und besteht aus einem Kruzifix und Heiligenbildern.**

Das Wasser zum Trinken, Kochen und Waschen musste am Brunnen geholt werden. Eine Wasserleitung mit fließendem kalten und warmen Wasser hatten die Bewohner des Mittermayerhofs noch nicht. Um immer einen gewissen Wasservorrat im Haus zu haben, gab es einen sogenannten „Wassergrand". Der „Grand" war ein großes Gefäß aus Ton. Um es vor dem Zerbrechen zu schützen, mauerte man es ein. Aufgrund der Mauern blieb das Wasser kühl und frisch. Im Mittermayerhof findet Ihr den großen Wassergrand in der Ecke von der Stube zur Küche. Er hat einen Holzdeckel, damit das Wasser sauber blieb. Für warmes Wasser stand meist ein kleiner Blechtopf auf dem Herd.

Doch auch der Mittermayerhof birgt ein Geheimnis und das passt perfekt zum Leben auf dem Land: Es ist ein kleines Ei! Dieses Ei befindet sich im Türstock zwischen der Kammer und dem Gang zum Stall. Diese Wände sind noch aus dem Jahr 1525 erhalten. Es wurde also richtig ins Haus mit eingebaut und ist vermutlich über 500 Jahre alt! Aber warum baute man ein Ei ins Haus?

**Als der Mittermayerhof ins Museum übertragen wurde, ist bei den Abbauarbeiten ein Bauopfer gefunden worden.**

Es handelt sich dabei um einen alten Brauch. So ein Ei hatte einen ganz bestimmten Namen: Man nannte es „Antlaßei". Der Name leitet sich vom Gründonnerstag, auch „Antlaßtag" genannt, ab.

Eier hatten schon immer eine wichtige Bedeutung. Mit ihnen wurde oft ein Teil der Pacht an den Grundherren beglichen, die häufig zu Ostern gezahlt werden musste. Aber so ein „Antlaßei" war nicht irgendein Hühnerei: Es musste am Gründonnerstag (vor Ostern) gelegt werden. Dann nahm man es mit in die Kirche und ließ es segnen. Es gibt viele Geschichten über die „Antlaßeier", von denen es hieß, sie würden nie verfaulen, obwohl sie roh und ungekocht waren.

Man kann bei einem solchen Ei schon fast von Magie sprechen, denn es sollte dem Heim und seinen Bewohnern Schutz bringen. Deshalb wurde es im Mittermayerhof auch in den Türstock eingebaut und verputzt. Manchmal wurde es auch über das Haus geworfen (dann musste man aber gut werfen können!), um das Gebäude vor einem Blitzschlag zu schützen. Gelegentlich wurde es auch gegessen. Der Glaube besagte, dass derjenige, der ein „Antlaßei" aß, sich niemals verlaufen würde. Zimmerleute und Maurer aßen es auf nüchternen Magen, damit ihnen bei ihrer Arbeit nicht schwindlig wurde. Sogar roh wurde es ausgetrunken, um vor Knochenbrüchen zu schützen.

Noch heute gibt es Menschen, die ein „Antlaßei" im Garten oder in den Blumenbeeten vergraben, wo es für einen fruchtbaren Boden sorgen soll. Auch hört man von „Antlaßeiern" im Handschuhfach von Autos, die vor Unfällen schützen sollen.

Also schaut Euch unbedingt dieses kleine Ei im Mittermayerhof an, dem so viele wundersame Kräfte nachgesagt wurden.

**Tipp:** An Ostern versteckt der Osterhase im ganzen Museum Bio-Ostereier, die Ihr suchen könnt.

HINTER DEN TÜREN...
DAS EI
IST WEG

Lange noch hatten Max und Emily auf dem Weg zurück zur Schmiede darüber nachgedacht, was der Wagner wohl in sein Geheimversteck hatte fallen lassen. Vielleicht war es Geld, das er für ein Wagenrad bekommen hatte?

„Vielleicht hat er auch ein Heiligenbildchen dort aufbewahrt", vermutete Emily. „Das machten die Leute früher oft."

„Oder ein Ei", meinte Max. Emily blieb stehen. „Ein Ei? Warum sollte jemand ein Ei verstecken, Max? Was für ein Unsinn!"

Doch Max nickte nur vielsagend und Emily war sich sicher, dass er wieder mehr wusste als sie. Sie fragte sich, ob Max' Großvater auch so ein Sturkopf gewesen war. Vielleicht, dachte Emily, musste man aber als Geheimnisbewahrer der Türen so sein. Immerhin erzählte Max ihr dann doch von den Antlaßeiern, die von den Bauern besonders verehrt wurden: „Bestimmt rannte die Bäuerin am Gründonnerstag schon ganz früh zu den Hühnern und holte sich ihr Antlaßei. Man nannte es auch ‚Gründonnerstagei' und es war wirklich etwas ganz Besonderes."

Schon tauchten die vertrauten Umrisse der alten Schmiede vor ihnen auf. Die Nachtwanderung hatte Emily schläfrig gemacht, sie konnte kaum noch einen Fuß vor den anderen setzen. In der Wohnung angekommen, zogen sie die Schlafsäcke ins Haus, kuschelten sich, angezogen wie sie waren, hinein und fielen in den tiefen Schlaf der Nachtwanderer.

Es war schon fast Mittag, als sie aufwachten. Max blinzelte. Rief da jemand oder war es nur der Nachklang seines Traumes? Er rüttelte an Emilys Schultern. „Hey Emily, hörst du das?

„Was ist?" Emily rieb sich die Augen – sie hörte es auch. Es kam von draußen. Verschlafen krochen sie aus den Schlafsäcken und schlichen auf den Balkon. Unten stand Annemarie.

„Guten Morgen, ihr beiden Langschläfer. Jetzt aber auf-
gewacht!" Sie hob einen Korb in die Luft. „Ich bringe euch
ein Frühstück rauf."

Wenig später öffnete sich die Tür. Max und Emily saßen
ziemlich verknautscht auf ihren Schlafsäcken. „Na, ihr
seht so aus, als könntet ihr ein gutes Frühstück vertragen.
Ich mache euch jetzt eine große Pfanne Rührei. Die Eier
habe ich vom Bauern mitgebracht und frisches Brot gibt es
auch."

Wenig später duftete es herrlich aus der Küche und Max und Emily fielen über die dampfende Pfanne Rührei her wie zwei Verhungerte. Das frische Brot schmeckte köstlich, ebenso wie die Milch.

„Hmm, ist das lecker", sagte Max, der begeistert eine Gabel nach der anderen in sich hinein schob. Emily war schneller satt und ihr fiel die letzte Nacht ein.

„Annemarie, hast du es schon gesehen? Bei uns wurde eine Scheibe eingeworfen und die Räder sind auch platt."

Annemarie nickte. „Ja, davon habe ich gehört, und es sind sogar noch mehr Scheiben zu Bruch gegangen. Deshalb bin ich auch bei euch. Habt ihr irgendetwas gesehen oder gehört?"

Doch Max und Emily konnten nur berichten, dass sie von dem Geräusch aufgeschreckt worden waren, aber niemanden gesehen hatten. Von ihrer nächtlichen Wanderung zum Wagnerhäusl erzählten sie natürlich nichts.

Annemarie stand mit einem tiefen Seufzen auf: „Na, dann müssen wir mal herausfinden, was das für ein Witzbold war. Gestohlen hat er nichts, aber drei Scheiben hat er eingeworfen. Ich hoffe, wir finden den Übeltäter, um ihn zur Verantwortung zu ziehen. Die Fahrräder werde ich flicken. Morgen könnt ihr sie wieder benutzen." Sie ging und erst jetzt bemerkte Emily, dass Max ganz unruhig auf seinem Stuhl hin und her rutschte.

„Was hast du denn, Max. Musst du mal?" Emily grinste, als Max rot wurde.

„Nein, aber wir müssen jetzt auf der Stelle los. Sonst ist es zu spät." Diese Ansage kannte Emily, deshalb sprang sie sofort auf. „Okay, wohin?"

„Mittermayerhof", stieß Max hervor und rannte wie der Blitz die Treppe hinunter. Emily hinterher. Sie rasten aus der Tür raus, an der Sägemühle vorbei und bogen am Stadel Schiltern nach rechts ab, dann nach links. Am Hof angekommen rissen sie die Eingangstür auf.

Emily sah Max an: „Und jetzt?" „In die Küche", sagte Max, rannte voraus und zog die Ofenklappe auf. Mit angehaltenem Atem und gerade noch rechtzeitig hörten sie den Ruf aus der Vergangenheit: „Du lieber Himmel, wo ist das Ei?"

Max und Emily sahen zwei Erwachsene und vier Kinder auf dem Küchenfußboden herumkriechen. Sie tasteten in alle Spalten und Ecken, hoben Pfannen und Töpfe hoch, schauten ins Krautfass und unter die Holzscheite und suchten das…

„Ei", sagte Emily. „Sie suchen das Ei, um es in der Kirche segnen zu lassen. Siehst du, wie schön sie angezogen sind?" Und wirklich hatten die Kinder ganz offenbar ihre besten Kleider an, mit denen sie nun über den Boden rutschten. Plötzlich rief eins der Mädchen. „I habs, i habs."

Triumphierend hielt sie in den Händen ein kleines weißes Ei. „Es is hinter den Krauthobel g'rollt."

Max atmete laut ein und schloss die Ofentür. „Was für ein Glück. Es ist ganz. Wenn dieses Ei kaputtgegangen wäre. Nicht auszudenken, dann hätten sie es nicht in das Haus als ‚Bauopfer' einbauen können. Wer weiß, ob der Mittermayerhof dann noch so gut erhalten geblieben wäre."

Später saßen sie gemeinsam in der Wohnung und brutzelten die restlichen Eier in der Pfanne, diesmal als Spiegelei. Max hielt ein Ei in die Luft. „Was meinst du, Emily, ob das wohl ein Antlaßei ist?"

„Quatsch Max, das kann doch gar nicht sein. Gründonnerstag ist schon lang vorbei." Max schmunzelte: „Es könnte doch trotzdem sein, ein Antlaßei wird ja niemals schlecht."

# SCHLAUMEIEREI

## Bernöderhof

Der Bernöderhof ist der einzige, vollständig erhaltene Vierseithof in einem oberbayerischen Freilichtmuseum. Bei dieser Hofform sind die Gebäude vierseitig angeordnet, sodass in der Mitte ein geschlossener Innenhof entsteht. Der Wohnteil wurde um 1725 erbaut und stammt aus Waldhausen, Gemeinde Schnaitsee (Lkr. Traunstein).

Der Hof wurde über die Jahre mehrmals umgebaut und erweitert. Es kamen Hütt'n, Stadel und Kuhstall hinzu. Ihr seht ihn jetzt so, wie er im Jahr 1920 ausgesehen hat. In dieser Zeit lebten 13 Personen auf dem Bernöderhof: der Bauer und die Bäuerin mit ihren drei Kindern sowie die Schwester und der Bruder des Bauern und Austragsbauern. Austragsbauern sind die Eltern der Bauern, also die Omas

**Bild oben: Die Wände vieler Vierseithöfe sind mit Nagelfluh-Steinen gemauert und mit Kalkmörtel verstrichen. Sie erinnern an ein „Pressack"-Muster.**

In der Küche gab es sogar schon fließendes Wasser. In der dahinter liegenden Speisekammer wurden Vorräte und Küchengeräte aufbewahrt.

und Opas, die ihren Lebensabend auf dem Hof verbrachten. Meist wurde vertraglich genau festgelegt, welches Zimmer die Austragler bewohnen durften, ob sich in dem Raum ein Ofen befand und sogar welches Essen ihnen zustand. So war sichergestellt, dass die Eltern der Bauern bis zu ihrem Tod gut versorgt waren. Außerdem lebten auf dem Hof noch zwei Knechte und zwei Mägde. An den Wohnteil schloss sich der Pferdestall an. Auf der anderen Seite stand der Kuhstall mit acht Kühen, sieben Stück Jungvieh, zwei Ochsen und im Winter mit einigen Schweinen. Auf dem Hof befanden sich auch ein Stadel (Scheune) sowie mehrere Hütten mit Kleinviehstall, Werkstatt und Brauerei. Daneben gab es einen Garten mit Obstbäumen, einen Backofen, ein Brunnenhaus, eine Hofkapelle sowie Äcker, Wiesen und Wald. Man kann also sagen, dass der Bernöderhof zu den wohlhabenden Höfen gehörte.

Und auf dem Bernöderhof war immer einiges los. Der Alltag war angefüllt mit den Gerüchen und Geräuschen von

Die Knechte hatten im Obergeschoss ihre Schlafkammer und vertrieben sich ihre wenige Freizeit mit Karten-, Brett- oder Würfelspielen.

Mensch und Tier. Immer raschelte, klirrte oder schepperte etwas. Die Gänse marschierten mit lautem Geschnatter über den Hof, die Pferde schnaubten, aus der Küche roch es nach dem Mittagessen.

Und dort, in der Küche, gab es etwas, das für die damalige Zeit sehr fortschrittlich war: einen fest eingebauten Kachelherd mit einem modernen Rauchabzug. Diesen nannte man auch „Russischen Kamin". In der darüberliegenden Mitterkammer seht Ihr den trichterförmigen Abzug, der den Rauch nach oben abgeleitet hat. Nur eine Generation vorher befand sich noch eine offene Feuerstelle im Haus. Der „Deutsche Schlot" ist in der heutigen Speis zu sehen. Das bedeutete viel Rauch in der Küche. Der „Russische Kamin" war deshalb eine große Erleichterung für die Bewohner des Hauses, die nicht selten von dem vielen Rauch lungenkrank geworden waren.

Ganz besonders freute sich die Bäuerin auch über das ultramoderne Backrohr. Das war eine echte Sensation für damalige Zeiten. Eine Backmöglichkeit im Haus, was konnte man da alles zaubern!

Einen Kühlschrank gab es natürlich nicht. Um die Lebensmittel aufzubewahren, führte eine Falltür in den kühlen Keller. Neben der Küche gab es außerdem noch die Speis.

Saßen dann alle Hofbewohner beim Essen gemeinsam am Tisch, gab es eine feste Sitzordnung. Die Plätze des Bauern und seiner Frau befanden sich immer am Kopfende und sie bekamen auch als Erste ihr Essen auf den Teller.

Wenn ein langer Arbeitstag nach 14 bis 17 Stunden endete, ging jeder zum Schlafen in seine Kammer. In der „Rossknechtkammer" legten die Pferdeknechte sich auf ein einfaches Bett. Doch das war schon sehr bequem, denn es war nicht lange her, da mussten sie noch im Stall schlafen. In der „Austragsstube" lebten und schliefen die Großeltern. Sie hatten einen Sesselofen im Zimmer, mit dem man nicht nur heizen, sondern auch kochen konnte. Doch meistens aßen sie mit der Familie. Sehr einfach war die Einrichtung in der nicht beheizbaren „Knechtkammer". In der „Mitterkammer" schlief der Bruder des Hofbesitzers, in der „Dirnkammer" die zwei Mägde. Eine der Mägde war übrigens erst 13 Jahre alt. Sie musste schon viel mitarbeiten und trotzdem hatte sie Glück auf dem Bernöderhof, denn sie durfte sich mit der älteren Magd und der Tochter des Bauern die Kammer teilen. Sie musste nicht, wie viele andere Mägde, im Flur oder auf dem zugigen Dachboden schlafen. Auch die Mägde hatten wenig Möbel und keine Heizung.

Dann gab es natürlich auch eine Kammer für die Bauern und eine für die Schwester des Hofbesitzers. Nur in der „Guaten Kammer" schlief niemand. Sie wurde nur hergezeigt und manchmal durften ganz besondere Gäste darin wohnen. Hier standen wertvolle Möbel und die „Aussteuer", die die Braut nach der Hochzeit mit auf den Hof gebracht hatte. Früher war es nämlich üblich, dass die Braut von

In der „Guaten Kammer" im Obergeschoss durften nur besondere Gäste schlafen (Bild oben). Ein Elektromotor trieb 1949 den Dresch-wagen auf dem Bernöderhof an (Bild unten).

ihren Eltern und Verwandten Geschirr, Möbel oder auch Stoffe mit in das neue Zuhause brachte. Das nannte man auch „Mitgift". Je reicher eine Familie war, desto größer und wertvoller war die Aussteuer.

Wo so viele Menschen leben und arbeiten, da muss es doch noch einen Ort geben, einen Ort für... (Ihr wisst schon was ich meine) ein sogenanntes „Häusl". Einen sauberen und ruhigen Ort, wie unsere heutigen Toiletten kannten die Hofbesitzer damals nicht. Auf dem Bernöderhof gab es für sie einen Bretterverschlag über der Odelgrube (Sammelstelle für Kot und Urin der Stalltiere). Da war es kalt und es stank bestialisch! Die Kinder und auch manch Erwachsener im Winter verwendeten einen Nachttopf, den man unter das Bett schob. Das war aber auch nicht viel besser! Ein Lob auf Sir John Harington, der im Jahr 1596 im Auftrag von Königin Elizabeth I. das Wasserklosett erfand, das aber leider zunächst in Vergessenheit geriet. Erst im Jahr 1775 erhielt der englische Erfinder Alexander Cummings das Patent für sein Wasserklosett, das das Leben aller Menschen verbessern sollte. Bis der letzte Bauernhof ein WC hatte, dauerte es aber noch fast 200 Jahre. Die Abkürzung WC kommt übrigens aus dem Englischen und bedeutet „water closet" (Wasserklosett).

Zum Schluss gibt es noch etwas sehr Erstaunliches auf dem Bernöderhof zu sehen: Dort steht nämlich in einer Scheune, in Blickrichtung des Plumpsklos, ein Leichenwagen! War jemand gestorben, spannte der Bauer seine Pferde an, holte die Verstorbenen ab und fuhr sie zum Friedhof.

**Tipp:** Auf der Wiese vor dem Bernöderhof findet jedes Jahr das Familien-Maifest statt. Den Maibaum dürft Ihr mit bunten Schleifen schmücken und mit kleinen Schnitzereien verzieren.

Hinter den Türen...
Ein Herz und ein
schwarzer
Wagen

Der nächste Tag begann sonnig. Max und Emily hatten gut geschlafen und genossen ihr Frühstück. Annemarie hatte ihnen Semmeln, Honig und eine Flasche Milch in einer Stofftasche an die Tür gehängt. Zwischen zwei Bissen fragte Max: „Vielleicht sollten wir versuchen herauszufinden, wer unsere Reifen aufgeschlitzt und die Fenster eingeschlagen hat."

„Ja", sagte Emily, „wir können nach Spuren suchen. Aber ich möchte mir unbedingt auch den Vierseithof ansehen. Ich habe gehört, er ist der einzige seiner Art in einem oberbayerischen Freilichtmuseum."

„Gut, dann machen wir beides: Wir halten die Augen offen und suchen nach Spuren und schauen uns den Hof an.

Gleich nach dem Frühstück gingen sie hinunter und sahen sich die Stelle, an der die Fahrräder gestanden hatten, noch einmal genauer an. Annemarie hatte sie zwar schon zur Reparatur abgeholt, aber Emily und Max fanden die Stelle sofort. Sie gingen in die Hocke und suchten den Boden ab.

„Also ich sehe hier nichts als Gras und Erde, Max. Wie sollen wir hier etwas… Moment mal!"

Sie griff in das Gras. Dort hatte sich etwas in den Boden gedrückt. „Schau mal, Max. Ich habe etwas gefunden. Es ist ein Anhänger mit einem kleinen Totenkopf dran. Sieht irgendwie süß aus."

Max war sofort zur Stelle und besah sich den Anhänger. „Hmm, der könnte einem Jungen gehören."

Emily lachte auf. „Na, ich würde mir so ein Ding jedenfalls nicht irgendwo hinhängen."

Max steckte den Anhänger in die Hosentasche. „Ich bin mir sicher, wir haben den ersten Hinweis auf unseren nächtlichen Besucher gefunden."

„Nicht wir Max, sondern ich habe ihn gefunden und jetzt gehen wir zum Vierseithof. Er ist ja gleich hier um die Ecke."

Als sie schließlich durch das runde Tor in den Innenhof des Vierseithofs traten, fiel ihr Blick sofort auf das kleine Holzhaus, dass auf einem Baumstamm hoch in die Luft ragte. „Was ist das denn?", fragte Emily.

„Das ist ein Taubenkobel", antwortete Max. Dann grinste er breit und zeigte nach unten: „Und das ist ein Misthaufen, den kann man mit einer Karre... ." Weiter kam er nicht, denn schon jagte Emily auf ihn zu. Sie konnte sich nur zu gut an das Erlebnis im Freilichtmuseum Glentleiten erinnern. Max hatte damals ein Experiment mit einem Mistkarren gewagt, das für Emily und ihr schönes Kleid sehr schlecht ausgegangen war. „Wenn ich dich erwische, Max, dann werfe ich dich auf der Stelle in diesen Misthaufen."

Doch Max war inzwischen stehen geblieben und sah am Klohäusl vorbei in die Scheune. Dort stand im Halbdunkel ein schwarzer Wagen mit vier Speichenrädern, an den man Pferde anspannen konnte.

„Das ist ein Leichenwagen. Damit haben sie die Toten abgeholt und zum Friedhof gebracht", flüsterte Max. Emily bekam eine Gänsehaut und war froh, dass sie mit Max noch die anderen Räume im Bernöderhof besuchen konnte: die Austragsstube mit dem Sesselofen, die Küche und die verschiedenen Schlafkammern. In einer stand sogar ein alter Kinderwagen und unter dem Bett ein Nachttopf. Der Bernöderhof gefiel Emily. Er strahlte irgendwie Ruhe und Frieden aus. Trotzdem ging sie gern mit Max, als dieser vorschlug, sich im Museumsstüberl ein „Kracherl" (Zitronenlimo) und eine „Auszogne" zu bestellen. Da Emily „Auszogne" noch nie gegessen hatte, verriet ihr die Wirtin sogar das Rezept.

Den Nachmittag verbrachten sie damit, sich weiter Gedanken über ihren Totenkopf-Fund zu machen und zu faulenzen. Emily legte sich auf den Schlafsack und schlief – angezogen wie sie war – ein bisschen vor, weil Max angekündigt hatte, dass sie heute Nacht noch einmal rausgehen würden. Darum war sie auch bereit, als Max sanft an ihrer Schulter rüttelte. Ausgerüstet mit ihren Stirnlampen ging es hinaus in die schwarze Nacht. Doch als Max den Weg zum Bernöderhof einschlug, war Emily überrascht.

Ein zweites Mal betraten sie den Hof. Diesmal aber war es dunkel und alles sah ganz anders aus als am Tag. Der Bernöderhof war nachts von allen Seiten geschlossen, nur der Blick in den Himmel war frei. Max steuerte auf die hölzerne Tür des Klohäusls zu. Das ausgesägte Herz hob sich schwarz vom Holz ab. Max zog die Tür leise auf. Emily hielt den Atem an. Sie vergaß immer wieder, dass sie von den Menschen in der Vergangenheit nicht gesehen werden konnten. Doch im nächsten Moment ließ Max die Tür enttäuscht wieder zufallen. „Mist, wir sind zu spät!"

Enttäuscht glitt sein Blick an der Tür vorbei in die Dunkelheit. Max erstarrte. Hatte sich dort etwas bewegt? Genau wie Emily zuckte er erschrocken zusammen, als plötzlich das Schnauben von Pferden die absolute Stille zerriss. Jetzt sahen sie es: Dort, in der Durchfahrt des Stadels, stand der schwarze Leichenwagen, davor zwei Rappen angespannt, die ungeduldig mit ihren mächtigen Hufen über den Boden schabten. Der Atem der Pferde stand wie Nebel in der Nachtluft. Dann löste sich ein Schatten aus der Nacht. Ein Mann stieg auf den Wagen, ließ kurz die Peitsche schnalzen und fuhr mit seinem dunklen Gefährt in die finstere Nacht hinaus.

Max und Emily zitterten, dieser Blick in die Vergangenheit war sehr aufregend gewesen und hatte sie alle Nerven gekostet. Langsam und ohne etwas zu sagen, schlichen sie in ihre Wohnung zurück. In dieser Nacht brauchten sie allerdings lange, bis sie endlich eingeschlafen waren.

**Rezept Schmalznudeln „Auszogne" (4 Personen):**
500g Mehl, 1/8 l Milch, 20g Hefe, 50g Zucker, 1 Prise Salz, 2 – 3 Eier, 50g Butter, 25g zerlassene Butter, 50g Sultaninen, 1kg Butterschmalz zum Ausbacken, Puderzucker zum Besieben

Für den Hefeteig Milch erwärmen. Mehl in eine Schüssel geben und in die Mitte eine Mulde drücken. Hefe hineinbröckeln, mit 1 EL Zucker und etwas Milch zu einem zähen Brei verrühren. Den Hefevorteig zugedeckt 20 Minuten gehen lassen.
Die weiteren Zutaten (Eier, Butter, Salz, Sultaninen, restliche Milch und Zucker) nach und nach zugeben und den Teig durchkneten. Dann den Teig zugedeckt 2 Stunden in einem warmen Raum gehen lassen.
Anschließend den Teig nochmals kurz durchkneten. Aus dem Teig mit einem bemehlten Esslöffel Nudeln abstechen und diese zu Kugeln formen. Mit zerlassener Butter bestreichen. Zugedeckt 15 Minuten gehen lassen.
Butterschmalz in einem großen Topf erhitzen. Jede Nudel so auseinanderziehen, dass die Mitte dünn ist und rundherum ein dickerer Rand bleibt. Jeweils zwei bis drei Nudeln im heißen Schmalz schwimmend von beiden Seiten goldbraun ausbacken. Auf Küchenpapier entfetten, mit Puderzucker besieben. Vorsicht mit dem heißen Fett, am besten backt Ihr mit Euren Eltern.

# Schlaumeierei

## Windrad

Den 14 Meter hohen Turm in der Nähe des Bernöderhofs könnt Ihr gar nicht übersehen. Das Windrad wurde 1978 aus Freutsmoos, Gemeinde Palling (Lkr. Traunstein) ins Museum geholt. Solche Windräder gab es um 1920 auf Bauernhöfen im Chiemgau sehr oft. Man benutzte die Windkraft, um Wasser aus den Brunnen zu pumpen, denn häufig befand sich das Grundwasser auf den entlegenen Höfen im östlichen Oberbayern in 30 bis 40 Metern Tiefe. Erinnert Ihr Euch noch, wie viele Menschen und Tiere auf dem Bernöderhof lebten: 13 Personen, acht Kühe, sieben Stück Jungvieh, zwei Ochsen und zwei Pferde mit Fohlen und weitere Klein-

Bild oben: Die Rotorblätter drehen sich im Wind und treiben über ein Gestänge die Wasserpumpe an.

tiere. Die brauchten jeden Tag ganz schön viel Wasser. Die
Windbrunnenbauer rechneten das damals genau aus: Jeder
Mensch benötigt täglich ca. 30 bis 50 Liter, Großvieh 50 Liter
und Kleinvieh 10 bis 20 Liter. So kommt für den Bernöderhof ein täglicher Wasserbedarf von ungefähr 1.500 Litern
zusammen. Das sind fast 11 Badewannen voll! Was war das
für eine Erleichterung, als man diese Mengen nicht mehr per
Hand aus dem Brunnen holen musste. Deshalb wurden diese
Windräder in Oberbayern sehr oft genutzt. Man schätzt, dass
es viele Tausend Anlagen gab. Immerhin brauchte man keinen Verbrennungsmotor und keinen Strom. Die Windräder
arbeiteten allein durch Windkraft. Daher stammt übrigens
auch der Name „Windbrunnen".

Doch so ein Windrad auf dem eigenen Hof, das konnten sich früher nur die reichen Bauern leisten. Jeder sah also
schon von Weitem, dass hier ein wohlhabender Bauer wohnt.

Die Idee für diese Windkraftanlagen wurde in den USA
entwickelt. Im Gegensatz zu unseren Windmühlen, die
starre Flügel besaßen, die mit Segel bespannt waren, erfand
Daniel Halladay ein Windrad mit automatischer Verstellung
der Flügel, das sogar in New York einen Preis erhielt. Denn
bei seinem Halladay-Rad klappten diese bei starkem Wind
nach hinten um. Zur gleichen Zeit entwickelte Leonhard
Wheeler das „Eclipse-Windrad", dessen Flügelrad vollständig aus unbeweglichen Teilen bestand. Eine im rechten
Winkel angebrachte „Windfahne" sorgte dafür, dass sich
das Flügelrad automatisch in den Wind drehte. Eine weitere
kleine Seitenfahne griff bei zu hoher Drehzahl oder Sturm
ein und schwenkte das Rad aus dem Wind, um Schäden zu
vermeiden. Genau um so eine Technik handelt es sich auch
beim Windrad im Ameranger Bauernhausmuseum. Gebaut
wurde es aber nicht in Amerika, sondern von der Firma Isidor Leeb aus Malching (Lkr. Passau), die die Eclipse-Tech-
nik übernommen hatte. Übrigens verkaufte die Firma Isidor
Leeb später sogar drei Windräder nach Indien.

Am 13. Oktober 1922 entschieden sich zwei Familien aus Freutsmoos, nämlich Johann und Maria Michelbauer und Josef und Maria Fichtner, die Nutzung des bereits fertigge-

Der Windmotor steht auf einer Eisenturmkonstruktion mit Verstrebungen aus Rundeisenstäben, im Vordergrund das Brechlbad.

stellten Windbrunnens zu teilen. Die Kosten übernahm die Familie Michelbauer jedoch allein: In der Preisliste von 1911 steht, dass das Windrad 420 Mark kostete. Für den Turm, auf dem es angebracht war, wurden weitere 490 Mark veranschlagt. Ganz schön viel Geld damals.

Damit das Windrad noch lange hält und so aussieht wie früher, entschied sich das Bauernhausmuseum 2012, es zu konservieren. Vor allem wollte man wissen, welche Farbe es ursprünglich einmal hatte. Unter verschiedenen Farbschichten fand man schließlich ganz oben an der Spitze die Ursprungsfarben: Es war blaugrau, die Flügel und Windfahnen waren aus Weiß-/Silberaluminium. Genau in diesen Farben wurde das Windrad wieder gestrichen. Es sieht heute also so aus, wie damals, als es für die Bauern viel Wasser aus dem Brunnen nach oben holte.

**Tipp:** Auf der Wiese neben dem Windrad könnt Ihr die bayerischen Landgänse beobachten. Die Gänse sind etwas ganz Besonderes. Es gibt nur noch ca. 40 Halter dieser Rasse in Deutschland.

HINTER DEN TÜREN...

# DER WIND VERRÄT
## EIN GEHEIMNIS

Eigentlich hatten Max und Emily erst einmal genug vom Bernöderhof. Deshalb waren sie zuerst nicht gerade begeistert, als die Museumspädagogin bei ihnen auftauchte und sie einlud, das Windrad zu besuchen, denn es stand unübersehbar direkt neben dem Vierseithof. Die Frau streckte ihnen die Hand entgegen: „Ich freue mich, euch

kennenzulernen. Mein Name ist Frau Weiß." Sie lächelte: „Annemarie sagte mir, ihr hättet bestimmt Spaß daran, das Windrad mal aus der Nähe anzuschauen." Die beiden versuchten, sich nichts anmerken zu lassen, als sie der freudestrahlenden Frau Weiß folgten.

„Ich habe mir etwas ganz Besonderes für euch einfallen lassen", sagte sie und steuerte die Wiese beim Windrad an. Max und Emily staunten nicht schlecht, als sie darauf elf alte Badewannen im Kreis aufgestellt vorfanden, die alle mit Wasser gefüllt waren. Frau Weiß drehte sich mit ausgestreckten Armen. „Seht ihr, soviel Wasser brauchten die Bewohner des Bernöderhofs an nur einem einzigen Tag!" Dann gab sie jedem einen Eimer. „Ihr fangt jetzt einfach mal an und schöpft Eimer aus den Badewannen auf die Wiese. Die kann ein bisschen Wasser gut vertragen. Los geht's!"

Max und Emily mühten sich wirklich ab, aber schon nach ein paar Eimern waren sie am Ende ihrer Kräfte. Sie ließen sich ins Gras fallen und sahen auf das Windrad, das sich federleicht im Wind drehte. „Ach, so ein Windrad ist doch eine feine Sache", murmelte Emily.

„Ja, und heutzutage ist man wieder sehr daran interessiert, die Windenergie zu nutzen. Die großen Windgeneratoren sieht man inzwischen überall. Sogar manche Segeljachten haben kleine Windgeneratoren. Wusstest du das?"

Emily schüttelte den Kopf. „Nein, aber ich kann es mir vorstellen. Segelboote brauchen ja sowieso Wind."

„Auf diesen Yachten wird mit einem Windgenerator Energie für die elektrischen Geräte erzeugt."

Max und Emily waren so in Gedanken versunken, dass sie den Eimer Wasser, der über ihren Köpfen schwebte, gar nicht bemerkten. Als jedoch ein kalter Schwall Wasser auf sie platschte, schrien sie überrascht auf. Frau Weiß lachte und rannte weg. Emily und Max schnappten sich einen Eimer und setzten zur Verfolgung an. Immer wieder schöpften sie Wasser aus den Badewannen. Jetzt kam ihnen das Eimerschleppen plötzlich gar nicht mehr anstrengend vor. Schließlich standen sie alle drei pitschnass auf der Wiese. Auf einer trockenen Stelle im Gras breiteten sie eine Decke aus und überließen es dem warmen Sommerwind, ihre Kleider zu trocknen.

Doch kaum hatte Emily ihre Nase in den Wind gedreht, als ihr etwas ins Gesicht flog. Es war ein Segelflieger aus Papier. Emily dachte, das sei ein neuer Scherz von Max, da bemerkte sie eine Nachricht auf dem Papier: „Verschwindet aus der Schmiede, sonst sind nicht nur Eure Fahrräder platt!" Darunter war ein kleiner Totenkopf gemalt.

Emily war ganz blass geworden und reichte das Papier an Max weiter. „Lies mal, Max, das ist Post für uns." Max las leise das Blatt und zog dann den Anhänger aus der Hosentasche. Den hatten sie schon fast vergessen. „Komisch, der Totenkopf auf dem Brief sieht genauso aus wie der Anhänger, den wir bei den Fahrrädern gefunden haben."

Er gab den Brief Frau Weiß, die ihn aufmerksam las, während Max den Anhänger untersuchte. Er drehte ihn zwischen den Fingern und fand schließlich eine kleine Gravur auf der Rückseite. „Tom S.", las Max laut vor.

Da sprang die Museumspädagogin hastig auf und sagte: „Gib mir den Anhänger Max, ich habe so eine Ahnung, wer das sein könnte."

Max und Emily sahen sich überrascht an, als die Frau mit schnellen Schritten davoneilte. „Scheint so, als wüsste sie, wer Tom S. ist", vermutete Max.

Es war schon Abend, als Frau Weiß in der Wohnung auftauchte. „Wisst ihr, ich kenne diesen Tom. Er ist der Neffe einer Freundin und hatte – genau wie ihr – im Museum angefragt, ob er in den Ferien ausnahmsweise in der Schmiede wohnen könne. Da wir euch bereits zugesagt hatten, bekam er natürlich eine Absage."

Max nickte bedächtig: „Deshalb hat er Rache geschworen und die Fahrräder zerstört."

„Genau", antwortete die Museumspädagogin, „und die Scheiben eingeschlagen."

„Aber dafür müssen seine Eltern jetzt aufkommen und... ich habe ihm gesagt, dass er sich bei euch persönlich entschuldigen muss. Er wird morgen also vorbeischauen, wenn es euch recht ist. Ich werde auch dabei sein." Max und Emily hatten nichts dagegen und waren froh, dass diese Sache endlich aus der Welt geschafft war. Erleichtert ließen sie sich auf ihre Schlafsäcke fallen. „Und wem verdanken wir die Aufklärung dieses Geheimnisses?", rief Max.

„Dem Wind, dem Wind, dem himmlischen Kind", antwortete Emily.

# SCHLAUMEIEREI

## Bienenhaus

Mit ihren bunten Farben und dem Baustil erinnert dieses Haus manche an die „Villa Kunterbunt". Und eine Villa ist es auch, aber eben keine Villa für Pippi Langstrumpf und ihre Freunde, denn in der schönen bunten Bienenvilla wohnten früher 100 Bienenvölker! Die haben ein schönes Haus auch verdient. Ihr müsst Euch nur mal überlegen, wie wichtig die Bienen für Menschen und Tiere sind. Schon Albert Einstein hat gesagt: „Wenn die Biene einmal von der Erde verschwindet, hat der Mensch nur noch vier Jahre zu leben. Keine Bienen mehr, keine Bestäubung mehr, keine Pflan-

Bild oben: Die Fassade des Bienenhauses ist aufwendig im sogenannten Schweizer Villenstil gestaltet.

An Veranstaltungstagen ist der Imker zu Gast und bringt ein Bienenvolk mit, das Ihr hinter Glas anschauen könnt.

zen mehr, keine Tiere mehr, kein Mensch mehr." Dieses kleine gestreifte Insekt ist also sehr bedeutend für uns. Deshalb versucht man heute weltweit, die Bienen zu schützen. Seit 2013 dürfen in der Europäischen Union viele bis dahin übliche Pflanzenschutzmittel nicht mehr auf den Feldern verwendet werden, weil sie Bienen schädigen können. Diese Mittel stehen im Verdacht, dem Orientierungsvermögen der Bienen zu schaden. Sie finden dann nicht mehr zu ihrem Stamm zurück.

An all das dachte Andreas Engl natürlich nicht, als er im Winter 1887/88 die Bienenvilla baute. Sie stand als Nebengebäude eines sehr kleinen Hofs in Elchering, Gemeinde Steinhöring im Landkreis Ebersberg. Andreas Engl nutzte den Honig, um seine Speisen zu süßen. Denn der Rübenzucker war gerade erst entdeckt worden und noch teuer. Außerdem brauchte man das Bienenwachs zur Herstellung von Kerzen. Die Familien konnten sich durch den Verkauf von Honig und Wachs etwas dazuverdienen.

Andreas Engl entwarf und baute das Bienenhaus selbst. Er muss die Bienen sehr geliebt haben, so schön, wie das Haus geworden ist. Die bunte Bemalung und die geometrischen Muster dienten den Bienen übrigens zur Orientierung.

Die Bienenvilla beherbergte zunächst 75 Bienenvölker. Später wurde das Bienenhaus erweitert und bot Platz für 100 Bienenvölker. Das war wirklich ungewöhnlich groß.

Was muss Andreas Engl durch den Kopf gegangen sein, als er 1892 auf den Hof „beim Weber" einheiratete? Hatte er sofort einen Plan, wie er seine Bienenvilla auf den neuen Hof bringen würde? Jedenfalls ließ er sich einiges einfallen, um das Bienenhaus mitzunehmen. Er besorgte sich einen Wagen, in dessen Inneren er das Bienenhaus aufbaute. Zuvor hatte er mit großer Mühe den Fußboden entfernt. Das Haus stand auf dem Wagen und die Deichsel ragte zur Bienenhaustür heraus! Alles musste festsitzen, damit es die Fahrt überstand. Dann spannte er vier Pferde vor den Wagen und fuhr los. Bei der Ortschaft Tulling ging es bergauf, dort wurden zwei weitere Pferde eingespannt. Wie muss das für die Bewohner der Dörfer ausgesehen haben: Sechs Pferde, die ein Haus auf Rädern hinter sich herziehen! Andreas Engl hatte damals also schon eine Art „Translozierung" vorgenommen, als er seine Bienenvilla von einem Ort zum anderen brachte. Sicher war er sehr froh, als er mit seinem Fuhrwerk endlich am neuen Standplatz ankam. Die schöne Bienenvilla stand nun südlich vom Wohnhaus, von einem hohen Holzzaun umgeben, damit die ausschwärmenden Bienen nicht die auf der Straße vorbeifahrenden Ochsen- und Pferdegespanne erschreckten und dadurch in Gefahr brachten.

**Tipp:** Auf dem Weg zum Bienenhaus kommt Ihr am Brechlbad vorbei. Hier wird manchmal sonntags oder bei Veranstaltungen Brot gebacken.

HINTER DEN TÜREN...
KÖNIGE UND
KÖNIGINNEN

Tatsächlich kam Frau Weiß am nächsten Tag mit Tom bei Max und Emily vorbei. Der Junge blieb in der Tür stehen, den Blick auf den Boden gerichtet. Emily sah rübenrote, etwas strubbelige Haare. Dann hob er das Gesicht, das voller Sommersprossen war, und murmelte: „Tschuldigung."

Die Museumspädagogin legte eine Hand auf seine Schulter. „Sag es noch mal, Tom. Ich glaube, wir haben dich nicht richtig verstanden." Toms Augen funkelten ein bisschen, als er diesmal laut und deutlich sagte: „Ich möchte mich bei euch entschuldigen."

Max ging auf Tom zu: „Passt schon, Tom. Ich kann ja verstehen, dass du auch hier wohnen wolltest. Blöd, dass wir dir in die Quere gekommen sind." Er klopfte ihm freundschaftlich auf die Schulter. Tom schaute Max überrascht an. Mit dieser Reaktion hatte er wohl nicht gerechnet.

„Genau", sagte Emily. „Du hast dich entschuldigt und jetzt ist es gut." Tom strahlte. „Wenn ich gewusst hätte, dass ihr so in Ordnung seid, hätte ich eure Fahrräder natürlich nicht…"

„Die Fahrräder gehören Annemarie!", betonte Frau Weiß. Dann sah sie auf die Uhr und sagte: „Oh je, jetzt muss ich aber los, sonst komme ich zu spät in meine Besprechung." Sie nickte Tom zu, der noch kurz bleiben wollte, und verschwand.

Max knuffte Tom in die Seite: „In ein paar Tagen sind wir weg und dann kannst du immer noch hier wohnen. Die Ferien sind ja noch nicht zu Ende." „Klar", sagte Tom. „Aber ob ich das darf, nach allem, was ich mir geleistet habe…"

Max und Emily waren sich sicher, dass man bei Tom bestimmt ein Auge zudrücken würde. „So, jetzt müssen wir aber los, Tom. Wir wollen zur Bienenvilla." Emily sah überrascht auf. Davon wusste sie noch gar nichts. Aber so, wie Max auf die Uhr gesehen hatte, wartete dort bestimmt eine geheimnisvolle Tür. Emily atmete erleichtert aus, als sie zum Fenster hinaussah. Die Sonne schien, es war warm. Heute würden sie sicher keinem gruseligen Leichenwagen begegnen.

Tom strahlte: „Echt? Mein Vater hat damals gesehen, wie sie die Bienenvilla hierher gebracht haben. Das war eine Schau! Wir haben übrigens auch Bienen. Ich kann euch morgen ein Glas von unserem Honig bringen. Als Wiedergutmachung." Er grinste, stand auf und verabschiedete sich.

Nur zwei Minuten später brachen auch Max und Emily zum Bienenhaus auf, das manche Kinder an die „Villa Kunterbunt" erinnert. „Es ist wirklich wunderschön", sagte Emily.

„Ja, da hat sich jemand richtig Mühe gegeben. Das hätte ich beim Umzug auch nicht zurückgelassen. Aber jetzt komm, Emily. Öffnen wir die Tür."

Schon hatte Max die Hand am eisernen Türgriff der grünen Tür, deren Glasfenster einen Blick ins Innere erhaschen ließen. Doch kaum hatte Max die Tür aufgestoßen, schimmerte weißes Licht im Bienenhaus und ein vielstimmiges Summen und Surren ließ die Luft vibrieren. Emily hob automatisch zur Abwehr die Arme vor das Gesicht. So viele Bienen hatte sie noch niemals gesehen. Im Raum stand ruhig ein Imker mit der typischen Imkerpfeife.

Emily wusste, dass man mit dieser Pfeife nur blasen kann. Einatmen sollte der Imker den Rauch nicht. Das wäre nicht gut, weil in der Pfeife Gras, Sägespäne oder morsches Holz verbrennen. Dieser Rauch sorgt dafür, dass die Bienen denken, ihr Stock brennt, und anfangen, den Honig zu retten. Sie sind damit so beschäftigt, dass sie den Imker nicht mehr beachten. Max und Emily beobachteten den Imker, der mit einem kleinen Stockmeißel hantierte und mit einem Bienenbesen die Bienen von den Waben fegte. Seine Bewegungen waren behutsam. Es sah aus, als würde der Imker auf eine geheimnisvolle Weise mit den Bienen sprechen. Er war der König und regierte zusammen mit seinen Bienenköniginnen die Bienenvölker. Emily jagte beim Anblick der vielen Bienen ein Schauer nach dem anderen über den Rücken. Doch dieser Mann kannte seine Bienen und sie ihn.

Emily knuffte Max in die Seite: „Sag mal Max. Wie viele Bienen sind denn in so einem Bienenvolk?"

„Ich glaube, ungefähr 2.000 bis 5.000 Stück müssen es sein, sonst kommen sie nicht über den Winter. Im Winter scheint es ja ruhig zu sein im Bienenvolk, aber das stimmt nicht. Bienen halten nämlich keinen Winterschlaf, sondern kuscheln sich zu einer ‚Wintertraube' zusammen. Durch Zitterbewegungen der Flügel wird Wärme erzeugt.

Dafür verbrauchen die Bienen ihren eingelagerten Honig
oder die vom Imker eingefütterte Zuckerlösung", antwortete Max.

Emily rechnete laut. „Das heißt ja, wenn in dieser Villa 100 Bienenvölker lebten, dass dann 200.000 bis 500.000 Bienen hier waren!"

„Stimmt genau." Max konnte seinen Blick kaum von dem summenden Gewusel abwenden. „...und die hatten es hier wirklich schön in der Bienenvilla, findest du nicht? Die Bienenkästen aus Holz haben Nummern."

„Ja, der Imker ist ein echter Bienenkönig", sagte Emily, bevor sie die Tür schloss und die Bienen wieder in die Vergangenheit entließ.

# SCHLAUMEIEREI

## Seilerei

Die komplett eingerichtete Seilerei wurde 1920 von Engelhardt Kiendl in Endorf erbaut und zeigt die Ausstattung so, wie man sie 1940 vorgefunden hätte. Als Engelhardt Kiendl heiratete und nach Schloßberg, Gemeinde Stephanskirchen (Lkr. Rosenheim) zog, nahm er das Gebäude mit. Das war damals übrigens nichts Ungewöhnliches. Man baute das Holzgebäude einfach ab und an einem anderen Ort wieder auf. Es wäre viel zu teuer gewesen, bei jedem Umzug ein neues Haus zu bauen.

In der Werkstatt wurden Seile zum Beispiel aus Hanf oder Flachs hergestellt. Hanf gehört zu den ältesten Zier- und Nutzpflanzen. Da das Klima für dessen Qualität eine wichtige Rolle spielt, kam der Hanf aus warmen Ländern.

**Bild oben: Zur Herstellung eines Seiles sind das Seilgeschirr, der Seilwagen und die Seillehre notwendig. Das Seilgeschirr mit vier Haken wird mit einer Kurbel angetrieben.**

Indien, China, die Philippinen, aber auch Russland, Italien, Jugoslawien und Ungarn bauten Hanf an und verkauften die Pflanze in die ganze Welt, auch nach München, wo Engelhardt Kiendl sie für seine Seilerei besorgte. Bis heute wird Hanf vielfach verwendet. Man macht daraus Kleidung, Papier und er dient als Grundlage für Farben, Lacke und sogar Waschmittel.

Flachs ist eine Pflanze, die im Sommer sehr schön blau blüht. Auf dem Museumsgelände könnt Ihr in den Sommermonaten auch ein blühendes Flachsfeld bewundern. Aus den Flachssamen machte man Leinöl und aus den Fasern der Stengel wurde Leinen gewebt oder ein Faden gezwirnt.

Materialien wie Hanf oder Flachs hatte Engelhardt Kiendl immer zur Hand. An manchen Tagen musste er die beiden Torflügel seiner Werkstatt weit öffnen, um mehr Platz für die bis zu 60 Meter langen Seile zu haben. Er stellte Produkte her, die für die Bauern wichtig waren. Kälberstricke waren 1,80 Meter lang und kosteten 40 Pfennige, Heuseile hatten eine Länge von sechs bis zwölf Metern und kosteten fünf Mark. Das war viel Geld in den 1950er Jahren. Zum Vergleich: Ein Kilo Brot kostete 43 Pfennige.

Neben der Seilerei richtete das Ehepaar Kiendl einen Laden ein, in dem die Seile und auch Pferdedecken verkauft wurden. Die Birnen, die bei der Seilerei an einem großen Birnbaum wuchsen, aß Engelhardt Kiendl mit seiner Frau aber bestimmt lieber selbst.

**Tipp:** Wie ein Kälberstrick gemacht wird und dass das gar nicht so einfach ist, könnt Ihr am Handwerkertag und manchmal auch an normalen Sonntagen erleben. Am besten schaut Ihr immer mal wieder im Veranstaltungsprogramm des Bauernhausmuseums nach.

HINTER DEN TÜREN...
GERETTET!

Tatsächlich hielt Tom sein Versprechen. Am nächsten Tag tauchte sein roter Schopf in der Tür auf, dann zauberte er hinter dem Rücken zwei Gläser Honig hervor.

„Hier, die sind für euch. Den machen wir selbst", sagte Tom voller Stolz. Er gab Emily den Honig. „Und? Wart ihr gestern noch im Bienenhaus?"

Emily und Max nickten. Tom steckte die Hände in die Hosentasche. „Ist ja eigentlich nichts Besonderes, sind ja keine Bienen mehr drin."

Emily stellte den Honig auf den Tisch. „Dafür ist es aber ein besonders schönes Bienenhaus."

Tom zuckte mit den Schultern. „Ja, aber was gibt es da denn schon zu sehen?" Emily und Max sahen sich einen blitzartigen Moment in die Augen und grinsten. Ihr Geheimnis würden sie natürlich nicht verraten. Max klopfte Tom auf die Schulter: „Da hast du wohl recht, Tom. So ist das eben in einem Museum."

Doch Tom wollte sich damit nicht zufrieden geben. „Wir können ja mal in den Museumsweiher springen. Das ist spannend."

„In diese grüne Brühe?" Emily war entsetzt. Tom stand auf und grinste frech: „Tja, ihr seid halt nicht von hier und habt die Hosen voll." Mit diesen Worten drehte er sich um und verschwand.

Gerade wollte Emily ihm noch etwas hinterherrufen, da legte Max seine Hand auf Emilys Schulter. „Ach lass ihn, Emily. Schauen wir uns lieber einen echten Seiler an." Max' Augen leuchteten bei diesen Worten und Emily lachte. Am Anfang ihrer Abenteuer hatte sie vor dem Blick in die Vergangenheit immer Angst gehabt. Schließlich war es irgendwie schon so etwas wie Zauberei und weder Max noch Emily wussten, wie Max' Großvater Kurt von diesem Wunder erfahren hatte. Doch inzwischen war Emily genauso begeistert wie Max, wenn es darum ging, den Geheimnissen aus vergangenen Tagen auf die Spur zu kommen. Deshalb nahm sie Max bei der Hand und rief aufgeregt: „Auf die Seile fertig los!".

Gemeinsam liefen sie querfeldein zur Seilerei und ohne lange zu überlegen, war es diesmal Emily, die das große Eingangstor zur Seilerwerkstatt öffnete. Sofort flutete ihnen Licht entgegen. Auf der gesamten Länge der Werkstatt spannte sich ein Seil. An den Wänden hingen Netze und Seile, von denen einige mit Gewichten beschwert zu sein schienen. Im Raum stand Engelhardt Kiendl, der ehemalige Seiler mit seinem Gesellen. Die beiden waren gerade dabei, ein Seil zu drehen. Max stupste Emily an: „Wusstest du, dass das Kämmen des Flachses ,hecheln' genannt wird? Erst wird

der Flachs gehechelt, also gekämmt, dann wird er zu einem feinen Faden gesponnen und aufgewickelt. Die Fäden werden dann zu einer Schnur, auch ‚Litze' genannt, gezwirnt."

Emily grinste und wollte vor Max auch ein bisschen angeben: „Litze, das kommt bestimmt von dem lateinischen Wort ‚licium', das heißt ‚Band'." Max lachte und kniff ihr in die Seite: „Kleine Schlaumeierin, oder wie?"

Gerade wollte Emily zu einer Antwort ansetzen, als sie einen markerschütternden Schrei hörten: „Hiiiilfeeee, Hiiilfeeee!"

Schlagartig drehten sie sich in Richtung des Hilferufes. Es kam vom Weiher. „Tom!", riefen sie wie aus einem Mund.

Und dann tat Max reflexartig etwas, was laut Großvater Kurt ganz und gar unmöglich war, denn laut seinen Erzählungen konnte man keine Dinge aus der Vergangenheit mitnehmen. Hastig riss Max eines der Seile von der Wand, zerrte Emily mit sich und rannte so schnell er konnte zum Weiher. Dort angekommen, erfasste er die Lage mit einem Blick: Tom trieb im Weiher und ruderte wie wild mit den Armen herum. Hastig brach Max einen dicken Ast von einem Strauch und knotete das Seilende daran fest. Dann warf er es mit Schwung in Richtung Tom. „Halt dich fest, wir ziehen dich raus." Mit scheinbar letzter Kraft umklammerte Tom den Ast. Emily und Max stemmten sich am anderen Ende des Seils mit den Füßen in den Boden und zogen Max Stück für Stück ans Ufer. Dort angekommen rollte Tom sich auf die Seite und spuckte Wasser. Emily hatte wachsweiche Knie und brachte keinen Ton raus. Max ließ sich neben Tom auf den Boden fallen und schrie ihn an: „Ja sag mal, bist du denn total wahnsinnig geworden?"

Nachdem er sich etwas erholt hatte, sagte Tom: „Das war knapp. Danke. Ich wollte nur kurz mal reinspringen, bin… bin irgendwie hängengeblieben und habe Panik bekommen. Ihr habt mich gerettet."

Jetzt setzte sich auch Emily auf den Boden und atmete tief durch. „Jungs." Das war gerade noch mal gut gegangen. Nachdem Tom wieder einigermaßen gehen konnte, hakten sie sich bei ihm ein und brachten ihn nach Hause.

Den Rückweg zu ihrer Wohnung über der Schmiede gingen sie fast bedächtig. Emily blieb stehen: „Sag mal Max, wie hast du das eigentlich gemacht, mit dem Seil meine ich."

Max kratzte sich am Kopf. „Hab ich auch schon überlegt. Ehrlich gesagt, ich weiß es nicht. Normalerweise kann

man nichts aus der Vergangenheit mitnehmen. Jedenfalls hat mein Großvater das immer behauptet."

„Aber wir haben dieses Seil, oder?" Emily hielt das Seil in die Luft.

„Tja, vielleicht gibt es Ausnahmen, Emily." Max grinste: „Du hast ja auch schon einmal einen Kessel in die Vergangenheit geschmissen. Weißt du noch?" Emily lachte auf. Ja, an das Erlebnis an der Glentleiten konnte sie sich sehr gut erinnern.

Max legte seinen Arm um ihre Schulter. „Wir müssen ja nicht alles verstehen, oder? Lass uns jetzt einfach ein bisschen in den Seilen hängen."

# Schlaumeierei

## Bartlhof

Die Häuser trugen früher oft den Namen dessen, der sie gebaut hatte. Der Erbauer des Bartlhofs hieß mit Vornamen „Bartholomäus" und wurde abgekürzt „Bartl" gerufen. Deshalb heißt das Haus bis heute Bartlhof, auch wenn danach Besitzer mit anderen Namen darin gewohnt haben. Der Bartl-Bauer hat im Jahr 1671 diesen Hof in der Nähe von Laufen im Landkreis Berchtesgadener Land errichtet. Das Haus ist ein sogenannter „Blockbau", der aus Holz gebaut ist: die Decken, die Wände und sogar die Dachrinne. Nur einen Platz im Haus, den konnte der Bartl nicht aus Holz bauen: die Feuerstelle. In der Küche ist der Bereich um die Feuerstelle aus Stein gemauert.

Im Bartlhof wohnte im Jahr 1850 Simon Zebhauser mit seiner Frau Elisabeth und elf Kindern! Küche und Stube lagen nebeneinander und konnten so mit nur einem Herdfeuer von der Küche aus beheizt werden – das Feuer heizte auch den Hinterlader-Ofen in der Stube mit. Für die Hofbe-

**Bild oben: Das flach geneigte Dach des Bartlhofs ist mit Holzschindeln gedeckt. Hölzerne Stangen und schwere Steine sichern die lose aufliegenden Schindeln.**

wohner war die Stube der wichtigste Raum im Haus. Hier trafen sich alle auf dem Hof lebenden Personen, hier war es auch im Winter warm und hier wurde gemeinsam gegessen. Dann setzten sich alle an den großen Tisch. Den Platz nahe beim Ofen hatte vermutlich der Bauer. Hatte er einen Gast, durfte der neben ihm sitzen. Die Kinder drängelten sich auf der Bank zusammen. Sobald das Essen auf dem Tisch stand, falteten alle die Hände und sprachen ein Tischgebet.

In jedem Bauernhaus gab es einen Herrgottswinkel. Dafür wurde in der Tischecke ein Kreuz aufgehängt, häufig begleitet von Maria- und Jesusdarstellungen, manchmal auch von Johannes dem Täufer oder anderen Heiligen, und nicht selten sah er aus wie ein kleiner Hausaltar mit Blumenschmuck. Niemand am Tisch hätte zu essen gewagt, ohne vorher zu beten. Man dankte Gott für das tägliche Brot.

Fast alles, was bei den Zebauers auf den Tisch kam, stammte vom eigenen Hof. In dem Obstgarten wuchsen Zwetschgenbäume, verschiedene Apfelbäume, Birnen, Kirschen und Nüsse. Direkt am Haus gab es einen Küchengarten. Die Bäuerin baute dort Schnittlauch, Petersilie, grünen Salat, rote und gelbe Rüben, Zwiebeln und Radieschen an. Genau einen solchen Selbstversorgergarten könnt Ihr heute neben dem Bartlhof auf dem Museumsgelände sehen. Feldgemüse wie Runkelrüben, Kraut und Rettich wurde im Garten angesät und ab einer bestimmten Größe ins Feld versetzt. Denn es gehörte noch Ackerland zum Hof, hier wurden Getreide (Hafer, Roggen, Gerste, Weizen), Klee, Kartoffeln, Rüben und Kraut angebaut. Heute findet Ihr in diesem Garten heimische Blumen und Kräuter neben denen, die später aus Amerika (Sonnenblumen, Kapuzinerkresse) oder dem Orient (Tulpen) zu uns kamen. Bohnen, Tomaten und Rhabarber waren übrigens noch lange unbekannt.

Um das Obst haltbar zu machen, schnitt die Bäuerin Äpfel oder Birnen in Scheiben und trocknete sie auf selbst-

Die gute Kammer im Obergeschoss ist mit schöneren Möbeln ausgestattet und wurde nur selten benutzt.

gebauten Gestellen und im aufgeheizten, ausgeräumten
Ofen. Das Kraut wurde gehobelt, gesalzen und in einem
Fass gelagert. Schließlich mussten für den Winter Vorräte
angelegt werden. Dann kam fast täglich Sauerkraut auf den
Teller, weil das neben den Kartoffeln im Winter der einzige
Vitamin-C-Lieferant war.

Obwohl es auch Vieh auf den Höfen gab, schlachtete
man ein Schwein oder eine Kuh eher selten. Und wenn
doch, dann wurde dieses Fleisch mit Salz gepökelt oder
geräuchert, um es haltbar zu machen. Kühlschränke hatten
die Bauern noch nicht. Alle Lebensmittel wurden entweder
frisch gegessen oder haltbar gemacht und in der Vorrats-
kammer gelagert. Dort gab es aber leider oft Mäuse, die
auch etwas von den Leckereien abhaben wollten. Die Bauern hielten sich Katzen und stellten viele Mausefallen auf,
um diese unliebsamen Gäste loszuwerden. Doch einige der
kleinen Nager fanden immer wieder einen Schlupfwinkel,
durch den sie entkommen konnten.

**Tipp:** In der gemütlichen Stube des Bartlhofs spielen Musikanten besonders gern auf. An den Wasserburger Volksmusiktagen, am Volksmusiknachmittag oder auch einfach so besuchen sie das Museum.

Von Tom hörten sie erst einmal nichts mehr, nur dass er das Bett hüten musste, weil er sich bei seinem Hechtsprung eine Erkältung eingefangen hatte. Doch Max und Emily war sowieso nicht nach Aufregung zumute. Denn die Tage im Bauernhausmuseum und in ihrer gemütlichen Unterkunft waren gezählt. Übermorgen würden sie mit Sack und Pack wieder nach Hause fahren und die Geheimnisse der Türen in Amerang hinter sich lassen.

„Irgendwie verging die Zeit viel schneller als zu Hause", sagte Emily. „Was machen wir denn heute noch, Max?"

„Ich würde vorschlagen, wir essen ein Eis und danach schauen wir im Bartlhof vorbei: Die Zebhausers hatten elf Kinder. Das könnte lustig werden."

Das hörte sich für Emily gut an und sie und Max steuerten das Museumsstüberl an, um sich ein Eis zu kaufen. Den Nachmittag verbrachten sie damit, über das Gelände zu spazieren, das ihnen nun schon sehr vertraut war. Max sagte: „Weißt du Emily, manchmal, wenn ich in diese Häuser gehe, dann habe ich das Gefühl, ich besuche gute Freunde. Es ist wirklich schade, dass sie mich nicht sehen können."

Emily lachte auf: „Na, das würde ein schönes Durcheinander geben, wenn die dich sehen könnten, Max. Überleg doch mal. Allein schon, wie wir aussehen, und wenn du dann noch eine Stirnlampe oder ein Handy aus der Tasche ziehst, dann fallen die in Ohnmacht." Max seufzte: „Ja, wahrscheinlich hast du recht."

Inzwischen waren sie vor der schönen Holztür des Bartlhofs angekommen, in der mittig eine Holzrosette eingesetzt ist, von der kunstvoll verzierte Bretter wie Sonnenstrahlen ausgehen. Max öffnete die Tür und steuerte die Stube an, von der er wusste, dass es der Aufenthaltsraum der Familie gewesen war. Max und Emily blieben in der Tür stehen und blickten in den Raum, in dem dicht gedrängt die Großfamilie Zebhauser beisammen saß. Alle hatten die Hände gefal-

tet und den Blick in Richtung Hergottswinkel gerichtet und alle Stimmen fügten sich zu einer zusammen: „Herr, wir gehen zu dem Essen, lass' uns Deiner nicht vergessen, denn Du bist das Himmelsbrot. Stärk' die Leiber, stärk die Seelen, die wir jetzt Dir anbefehlen. Steh' uns bei in aller Not. Hilf uns, dass wir von der Erden, ganz zu Dir gezogen werden! Amen."

Während noch alle im Gebet versunken waren, hatte Emily einen überraschten Seitenblick eines der Mädchen wahrgenommen. Dieser Blick folgte einem flitzenden kleinen Wesen – oder waren es mehrere? Jetzt waren auch die anderen Familienmitglieder aufmerksam geworden: Ihre Augen bewegten sich schnell hin und her, während ihre Hände immer noch gefaltet waren. Plötzlich stand die Kleinste auf und rief: „Mäuse!" Da war es vorbei mit der frommen Runde. Alle sprangen auf und liefen wie wild hin und her, denn es war eine ganze Delegation von Mäusen, die durch den Raum schoss. Einige besonders mutige Exemplare flitzten über den gedeckten Tisch, wobei sie sich keine Zeit zum Naschen erlauben konnten, denn sämtliche Familienmitglieder hatten schon ihre derben Schuhe ausgezogen und droschen damit auf alles ein, was sich bewegte. Hin und wieder schrie jemand laut auf, weil eine Hand oder ein Fuß getroffen wurde. Schon fiel eine Schüssel zu Boden. Die Mäuse... nein, die Mäuse trafen sie nicht. Die kleinen Nager versuchten in ihrer wilden Jagd nur das eine Schlupfloch zu finden, durch das sie entwischen konnten. Schließlich formierten sie sich und rannten auf vielen kleinen Mäusefüßchen zur Tür hinaus, direkt durch die Beine von Max und Emily hindurch. Emily schrie: „Iiii", doch da waren sie schon durch und weg.

Emily und Max sahen in die Stube, in der ein heilloses Durcheinander herrschte und jeder versuchte zu retten, was zu retten war. Max schüttelte den Kopf: „Die haben wirklich keine Manieren, diese Mäuse." Dann schloss er die Tür und überließ es der Familie Zebhauser, ihren Haushalt wieder in Ordnung zu bringen.

**Tipp:** Die Mäuse haben den Zebhausers das Essen ganz schön durcheinander gebracht. Wenn Ihr jetzt Hunger bekommen habt, gibt es im Museumsstüberl leckere Gerichte aus der Region, hausgemachte Kuchen und Eis. Besonders gut schmeckt es, wenn man bei schönem Wetter draußen im Biergarten sitzen kann.

# SCHLAUMEIEREI

## Holzmannhof

Der Holzmannhof aus Gessenhausen, Gemeinde Taching (Lkr. Traunstein) ist schon deshalb etwas ganz Besonderes, weil er so alt ist. Die ursprüngliche Hofstelle wurde schon im Jahr 1425 urkundlich erwähnt. 1567 baute sich Christoff Holtzmann ein neues Bauernhaus, das so aussah, wie Ihr es heute vorfindet. Die Museumsfachleute konnten das Fällungsjahr der Bäume, aus deren Holz der Hof gebaut wurde, mit 1556/57 bestimmen. Leider sind keine Original-Einrichtungsgegenstände mehr vorhanden, deshalb wurde eine Inneneinrichtung gewählt, wie sie im ausgehenden 18. Jahrhundert in einem solchen Haus üblich war. Während dieser Zeit wohnte Johannes Kirmayer mit seiner Frau auf dem Holzmannhof. Doch ihnen gehörte der Hof nicht, sie wohnten dort zur Miete. Da sie keinen Grundbesitz hatten, mussten sie als sogenannte „Tagwerker" oder „Tagelöhner"

Bild oben: Das Schutzzeichen auf dem Tennentor besteht aus einem stilisierten Lorbeerkranz mit einem Christusmonogramm. Es sollte das Gebäude unter den Schutz Gottes stellen.

arbeiten, das heißt, sie halfen tageweise bei anderen Bauern mit. Vor allem in der Erntezeit von Heu und Getreide oder beim Dreschen wurden zusätzliche Arbeitskräfte gebraucht. Manchmal hackten sie Holz oder verrichteten andere Arbeiten, die anfielen. Sicher war den Tagelöhnern ihr Einkommen nie. Wenn sie Pech hatten und keine Arbeit fanden, verdienten sie nichts und hatten Hunger. Dieses Schicksal teilten sie mit sehr vielen Menschen im 17. und 18. Jahrhundert. Die Hälfte der gesamten Bevölkerung des Landkreises Traunstein arbeitete in dieser Zeit als Tagelöhner.

Schaut Euch im Haus um, in dem die Familie Kirmayer wohnte. Es ist dunkel, denn es gab keine Lampen. Besonders die Fenster in der Flurküche sind sehr klein. Wahrscheinlich waren sie mit Schweinsblasen bespannt, denn Glas war für die Mieter zu teuer. Licht machte der sogenannte „Kienspan". Das war dünn gespaltenes Kiefernholz, das die Hausbewohner wie kleine Fackeln verwendeten. Der Kienspan wurde in einen „Kienspanhalter" eingeklemmt und gab ein schwaches, flackerndes Licht ab. Auf der offenen Herdstelle brannte ein Feuer. Es gab aber keinen Schornstein. Der Rauch zog durch eine Rauchhur, das ist ein gezimmerter Kasten ohne Boden und Decke, der den Rauch vom Herd ins Dach leitete. Es muss unglaublich rauchig gewesen sein in der Küche, die gleichzeitig auch der Flur war. Durch den Rauch wurden viele Menschen lungenkrank. Deshalb saßen sie auch aufrecht im Bett, wenn sie schliefen. So bekamen sie besser Luft. Man kann fast sagen, dass es „Sitzbetten" waren.

Bei speziellen Führungen könnt Ihr Euch ansehen, wie die Bewohner geschlafen haben. Dann gewährt das Bauernhausmuseum Amerang einen Blick in die außergewöhnliche Kammer des Holzmannhofs. Dort befinden sich einige sehr alte und wertvolle Möbel.

Geschlafen hat man damals in „Himmelbetten" oder in „Spannbetten". Ein Spannbett hatte ein hölzernes Gestell,

In der Kammer hinter der Stube im Erdgeschoss stehen ein Kastenbett sowie mehrere besondere Holztruhen.

ohne Himmel oder Decke, in dem ein bis zwei Personen schlafen konnten. Es war mit Brettern und Stricken so zusammengebaut, dass man es jederzeit leicht abbauen und an einen anderen Ort bringen konnte. Im Holzmann-hof ist ein ganz besonderes Bett aus der Sammlung des

Museums aufgestellt. Es handelt sich um ein sogenanntes „Kastenbett" (diese Art von Bett ist in Oberbayern selten erhalten). Wie der Name schon sagt, ist es ein Bett, das man – wie bei einem Holzkasten – mit zwei Flügeltüren öffnen und verschließen konnte. Die Türen wurden auch beim Schlafen geschlossen. Auf der linken Tür ist das Christusmonogramm „IHS" und ein flammendes Herz aufgemalt, auf der rechten Tür ein Marienmonogramm und ein weiteres flammendes Herz. All diese Symbole zeigen die strenge Frömmigkeit der Menschen in der damaligen Zeit.

Ebenfalls in der Stube befindet sich eine Truhe, die schon so alt ist, dass es keine Aufzeichnungen darüber gibt. Aber es befindet sich eine ähnliche „Frontstollentruhe", die aus dem frühen 16. Jahrhundert stammt, nicht weit von Amerang entfernt im Wasserburger Stadtmuseum. Vermutlich ist dieTruhe aus Amerang auch über 400 Jahre alt.

Daneben steht eine mit einer Fächerrossette verzierte „Sockeltruhe" aus dem Jahr 1648, ein Truhenschrank aus dem 18. Jahrhundert und ein „Standseitenschrank" aus dem Jahr 1749.

All diese Einrichtungsgegenstände sehen auf den ersten Blick vielleicht nicht wertvoll oder bedeutend aus, aber sie erzählen die Geschichte der Menschen, die mit diesen Möbeln gelebt oder sie gebaut und verziert haben. Wenn Ihr also die Möglichkeit habt, diese Dinge zu sehen, dann versucht Euch einmal vorzustellen, wie der Bauer abends mit schweren Gliedern in sein Bett gefallen ist. Hat er wohl die Türen geschlossen?

**Tipp:** Einmal im Jahr, am Kirchweihmontag, füllt sich der Holzmannhof mit einer Riesengaudi. Da lädt das Bauernhausmuseum Amerang zum traditionellen „Kirtahutsch'n" ein. Dann sitzen bis zu 15 Männer, Frauen und Kinder auf einem langen Balken, der an Ketten aufgehängt wird, und schaukeln was das Zeug hält!

HINTER DEN TÜREN...
EIN BRIEF
IN DIE ZUKUNFT

Es war der letzte Tag für Max und Emily im Bauernhausmuseum Amerang und er begann genauso strah-
lend wie alle Tage, die sie hier verbracht hatten. Die Ferien
kamen ihnen wie eine halbe Ewigkeit vor, denn langweilig
war es nie gewesen. Sie hatten einen Blick in die Geschichte
und das Leben der ehemaligen Bewohner werfen können.
Es war für sie, als würden diese Häuser leben und all die
verschiedenen Generationen noch durch die Ritzen und
Türen blicken. Max und Emily waren gerade dabei, aufzu-
räumen und ihre Sachen für die Abreise einzupacken, als
Annemarie die Wohung betrat. „Ah, ihr packt schon. Ich
hoffe, es hat euch hier gefallen."

Mehr als ein Nicken brachten Max und Emily nicht
zustande, denn der Abschiedsschmerz steckte wie ein Kloß
in ihrem Hals. Annemarie merkte das und klatschte in die
Hände. „Kinder, jetzt lasst mal den Kopf nicht so hängen.
Zum Abschluss kommt ihr noch auf den Holzmannhof
zum Schaukeln. Lasst eure Sachen liegen, wir gehen gleich
rüber."

Das ließen sich Emily und Max nicht zweimal sagen.
Als sie beim Holzmannhof ankamen, hatte sich dort schon
die gesamte Mannschaft des Bauernhausmuseums Amerang versammelt, alle setzten sich auf die „Kirtahutsch'n"
und schaukelten wie eine wildgewordene Horde. Es war ein
großer Spaß. Eine bessere Verabschiedung hätten sich Max
und Emily gar nicht wünschen können.

Schließlich gingen sie in die Wohnung zurück, um fertig zu packen, da fiel Max noch etwas ein. Er nahm ein
Blatt Papier und einen Stift und sagte zu Emily: „Komm,
wir müssen noch mal in den alten Holzmannhof." Emily
folgte widerstandslos, bis sie schließlich mit Max in der
schönen Kammer stand. Dort setzte sich Max auf den
Boden und begann einen Brief zu schreiben. Emily schaute
ihm zunächst über die Schulter, dann stand sie auf und sah
sich im Zimmer um.

„Hallo Ihr Kinder in der Zukunft,
einmal, das war im Freilichtmuseum Glentleiten, habe ich
einen Brief aus der Vergangenheit bekommen. Das war echt
aufregend: Jemand, der lange vor mir gelebt hatte, schrieb
einen Brief, den ich Jahre später zusammen mit meiner
Freundin Emily lesen konnte. Deshalb habe ich beschlos-
sen, auch einen solchen Brief zu schreiben. Ich schreibe ihn,
während meine Freundin Emily gerade versucht, sich in dem
Schrankbett zu verstecken. Doch davon lasse ich mich nicht
ablenken, ich werde sie später sowieso finden. Jetzt schreibe
ich an Euch, in die Zukunft. Bestimmt sind Euch auch die
vielen Verstecke und Türen hier im Bauernhausmuseum
Amerang aufgefallen. Manchmal glaubt man fast, in den
Räumen die Geräusche der früheren Bewohner vernehmen
zu können. Ihr müsst nur mal kurz die Augen schließen. Hört
Ihr die knarrenden Holzfußböden? Jedes Haus hier hat seine

*Geheimnisse und erzählt Geschichten über das Leben der
Menschen im Chiemgau. Lauscht in die Stuben, schaut Euch
das alte Holz an, die Steine, die Töpfe, die Klohäusl, dann
werdet Ihr – wie wir – die Geheimnisse hinter den Türen auf-
spüren. Dabei wünschen wir Euch auch in der Zukunft ganz
viel Spaß!
Liebe Grüße von
Max & Emily"*

Mit einem zufriedenen Lächeln auf den Lippen faltete
Max den Brief zusammen. Emily lugte aus dem Bettkasten
hervor, hauchte einen Kuss auf ihre Hand und warf ihn in
Richtung Brief. „Hör mal Max, dafür müssen wir jetzt aber
ein gutes Versteck finden."

Suchend sahen sie sich in der Kammer um. Schließlich
zeigte Emily in Richtung Fenster auf die Ritzen zwischen
den Holzbalken der Wände. „Da könnten wir den Brief
doch reinschieben, oder?" Max nickte: „Super Idee, Emily,
und dann stopfen wir Moos davor. Das haben die Leute

früher auch gemacht, um die Ritzen abzudichten." Schnell rannten sie nach draußen und holten etwas Moos. Wieder in der Kammer schob Max den Brief vorsichtig zwischen die Holzbalken. Genau in diesem Moment nahmen sie vom Fenster her eine Bewegung wahr. Wie ein Blitz war das Bild aufgetaucht und sofort wieder verschwunden. Max und Emily waren sich einig: Sie hatten viele Kinder gesehen, die die Arme in die Luft reckten und ihnen aufgeregt zuwinkten. Aber war die Kleidung nicht etwas zu bunt gewesen? Konnte es sein, dass sie diesmal nicht in die Vergangenheit, sondern in die Zukunft gesehen hatten?

Noch in ihren Gedanken versunken, machten sich Max und Emily daran, das Versteck mit Moos zuzustopfen. Manche Geheimnisse ließen sich nicht so einfach lüften. Aber dafür gaben sie einen guten Grund wiederzukommen!

# Übersichtskarte Bauernhausmuseum Amerang

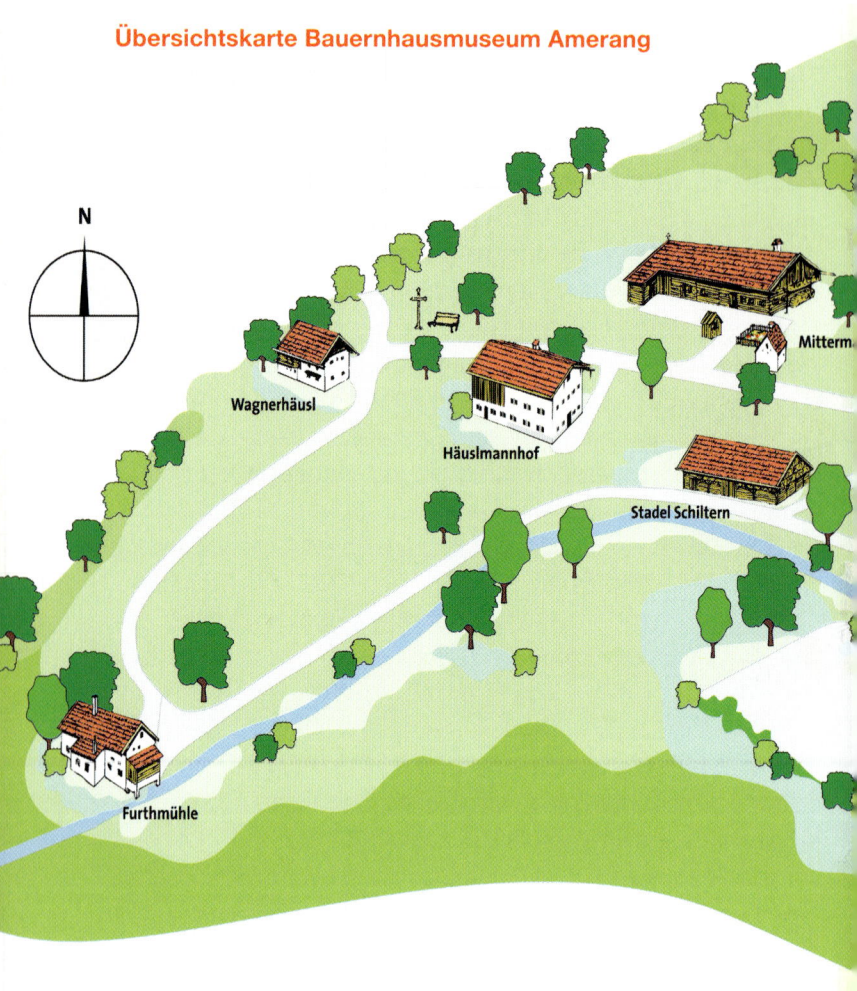

N

Wagnerhäusl

Häuslmannhof

Mitterm...

Stadel Schiltern

Furthmühle

Windrad

Bienenhaus

Stadel Bergham

Brechlbad

Seilerei

erhof

Getreidekasten

Holzmannhof

Schmiede

Bartlhof

Stadel Kirchweidach

Eingang

Verwaltung

## Öffnungszeiten

Das Museum kann jedes Jahr von Ende März bis Anfang November besucht werden. Es ist dienstags bis sonntags von 9.00 bis 18.00 Uhr (ab Kirchweihmontag bis 17.00 Uhr) geöffnet sowie auch an allen Feiertagen und am Kirchweihmontag.

## Wo liegt das Bauernhausmuseum Amerang?

## Förderverein Bauernhausmuseum Amerang e.V.

Das Bauernhausmuseum Amerang des Bezirks Oberbayern hat einen Förderverein, dem fast 600 Mitglieder angehören. Sein Ziel ist die wirkungsvolle Unterstützung des Museums. Dafür engagiert sich der Verein seit vielen Jahren finanziell und ideell. Er ermöglicht beispielsweise Forschungsarbeiten, museumspädagogische Aktivitäten, den Erwerb ausgewählter Sammlungsobjekte sowie deren Dokumentation und Konservierung und nicht zuletzt Publikationen für Groß und Klein, wie diesen Kindermuseumsführer.

Mit dem Beitritt zum Förderverein unterstützt man nicht nur die Arbeit des Bauernhausmuseums: Als Mitglied erhält man ganzjährig freien Eintritt, wird persönlich zu Sonderveranstaltungen und Ausstellungseröffnungen eingeladen und bekommt jährlich das „Jahrbuch für die oberbayerischen Freilichtmuseen Glentleiten und Amerang".

### Diana Hillebrand

Diana Hillebrand lebt mit ihrem Mann und ihrer Tochter in ihrer Wahlheimat München als freie Autorin und Dozentin für Kreatives Schreiben. Sie unterrichtet Nachwuchsautoren in München-Sendling an ihrer WortWerkstatt SCHREIBundWEISE. Doch auch darüber hinaus ist sie seit einigen Jahren mit der Moderation eines monatlichen Literaturtreffs, Lesungen und der Teilnahme an Lese-Events in der Münchner Literaturszene sehr engagiert. Im Volk Verlag erscheint ebenfalls die erfolgreiche Paula-Reihe.

### Martina Mair

Martina Mair wurde 1971 in Freising bei München geboren. Schon mit vier Jahren nahm sie zum ersten Mal an einem Malkurs teil. Später besuchte sie die Berufsfachschule für Grafik & Design in München, um einige Jahre darauf an der Akademie der Bildenden Künste in München bei Professor Jerry Zeniuk Malerei zu studieren. Martina Mair lebt und arbeitet als freischaffende Künstlerin und als freiberufliche Kinderbuchautorin und -illustratorin in München. Wenn sie nicht gerade zeichnend am Tisch sitzt, ist sie in der Natur oder gerade verreist.

## Noch mehr Abenteuer von Max und Emily

Auch hinter den Türen der alten Höfe im Freilichtmuseum Glentleiten warten viele Geheimnisse darauf, von Max und Emily entdeckt zu werden. Die beiden werden zu Zeitreisenden, die eine Nacht in einem Rindenkobel verbringen, einen Wilderer beim Verstecken seiner Munition beobachten und eine nächtliche Expedition zum Plumpsklo unternehmen.

**Diana Hillebrand (Text) / Martina Mair (Illustrationen)**
**Das Geheimnis der Türen**
**Max und Emily entdecken das Freilichtmuseum Glentleiten**
**Hardcover, 128 Seiten**
**12,- Euro**
**ISBN 978-3-86222-120-2**
**Volk Verlag**